Ausgezeichnete Arbeiten zur Informationsqualität

Herausgegeben von
M. Gebauer, Hannover
R. Giebichenstein, Köln

Bewertungskommission des Information Quality Best Master Degree Award 2010:
H. Hinrichs, Lübeck
M. Gebauer, Hannover
R. Giebichenstein, Köln
K. Hildebrand, Darmstadt
B. Kurpicz, Lünen
J. Lüssem, Kiel
M. Mielke, Helferskirchen
F. Naumann, Potsdam
I. Rossak, Erfurt

Die Deutsche Gesellschaft für Informations- und Datenqualität e.V. (DGIQ) fördert und unterstützt alle Aktivitäten zur Verbesserung der Informationsqualität in Gesellschaft, Wirtschaft, Wissenschaft und Verwaltung. Zu diesem Zweck befasst sie sich mit den Voraussetzungen und Folgen der Daten- und Informationsqualität. Sie fördert zudem durch Innovation und Ausbildung die Wettbewerbsfähigkeit der Unternehmen sowie die des unternehmerischen und akademischen Nachwuchses in Deutschland.

Die vorliegende Schriftenreihe präsentiert ausgezeichnete studentische Abschlussarbeiten in der Daten- und Informationsqualität. Veröffentlicht werden hierin die Siegerarbeiten des jährlich stattfindenden „Information Quality Best Master Degree Award".

Herausgegeben von
Dr. Marcus Gebauer
Hannover

Rüdiger Giebichenstein
Köln

Bewertungskommission des Information Quality Best Master Degree Award 2010:

Prof. Dr. Holger Hinrichs
(Kommissionsvorsitz) FH Lübeck

Bernhard Kurpicz
OrgaTech GmbH

Dr. Marcus Gebauer
Hannover Re AG
und Vorsitzender der DGIQ

Prof. Dr. Jens Lüssem
FH Kiel

Michael Mielke
Deutsche Bahn AG
und Präsident der DGIQ

Rüdiger Giebichenstein
KPMG AG
Wirtschaftsprüfungsgesellschaft
Köln

Prof. Dr. Felix Naumann
HPI, Uni Potsdam

Prof. Dr. Knut Hildebrand
HS Darmstadt

Prof. Dr. Ines Rossak
FH Erfurt

Uwe Draisbach

Partitionierung zur effizienten Duplikaterkennung in relationalen Daten

Mit einem Geleitwort von Dr. Marcus Gebauer

RESEARCH

Uwe Draisbach
Potsdam, Deutschland

ISBN 978-3-8348-1772-3 ISBN 978-3-8348-8289-9 (eBook)
DOI 10.1007/978-3-8348-8289-9

Die Deutsche Nationalbibliothek verzeichnet diese Publikation in der Deutschen Nationalbibliografie; detaillierte bibliografische Daten sind im Internet über http://dnb.d-nb.de abrufbar.

Springer Vieweg
© Vieweg+Teubner Verlag | Springer Fachmedien Wiesbaden 2012
Das Werk einschließlich aller seiner Teile ist urheberrechtlich geschützt. Jede Verwertung, die nicht ausdrücklich vom Urheberrechtsgesetz zugelassen ist, bedarf der vorherigen Zustimmung des Verlags. Das gilt insbesondere für Vervielfältigungen, Bearbeitungen, Übersetzungen, Mikroverfilmungen und die Einspeicherung und Verarbeitung in elektronischen Systemen.

Die Wiedergabe von Gebrauchsnamen, Handelsnamen, Warenbezeichnungen usw. in diesem Werk berechtigt auch ohne besondere Kennzeichnung nicht zu der Annahme, dass solche Namen im Sinne der Warenzeichen- und Markenschutz-Gesetzgebung als frei zu betrachten wären und daher von jedermann benutzt werden dürften.

Einbandentwurf: KünkelLopka GmbH, Heidelberg

Gedruckt auf säurefreiem und chlorfrei gebleichtem Papier

Springer Vieweg ist eine Marke von Springer DE.
Springer DE ist Teil der Fachverlagsgruppe Springer Science+Business Media
www.springer-vieweg.de

Geleitwort

Als Vorsitzender der Deutschen Gesellschaft für Informations- und Datenqualität (DGIQ e.V.) bin ich glücklich darüber, dass Sie dieses Buch in Ihren Händen halten. Das vorliegende Buch ist Ausdruck unseres Bestrebens, dem wissenschaftlichen Nachwuchs die Möglichkeit zu eröffnen, seine Arbeiten einem breiten Publikum darstellen zu können.

Dass Sie gerade diese Arbeit vorfinden, ist Ergebnis eines strengen Auswahlprozesses, den die DGIQ mit dem Information Quality Best Master Degree Award zum mittlerweile dritten Male durchgeführt hat. Studenten waren aufgefordert, ihre Abschlussarbeiten, die dem Thema Informationsqualität wesentliche Impulse verleihen, in diesem Wettbewerb durch ihre begutachtenden Professoren einreichen zu lassen. Vertreter aus Wissenschaft, Forschung und Industrie haben diese akademischen Abschlussarbeiten begutachtet.

Uwe Draisbach widmet sich mit seiner Arbeit der Entdeckung von Duplikaten in relationalen Datenbanken. Hierbei geht es ihm nicht nur um die Erkennung exakter Kopien. Vielmehr geht es ihm um die Erkennung von Duplikaten von Realwelt Entitäten, die nicht exakt gleich beschrieben werden. Hierzu hat er bestehende Algorithmen - Windowing- und Blocking-Verfahren - analysiert und zu einem erweiterten, verallgemeinerten Verfahren entwickelt.

Besonders freue ich mich, dass wir mit dem Verlag Springer Vieweg nun schon zum dritten Male eine Siegerarbeit in der Schriftenreihe veröffentlichen können. Für die Initiative des Verlages möchte ich mich recht herzlich bedanken.

Offenbach, 15. Oktober 2011

Dr. Marcus Gebauer

Vorwort

Duplikate bzw. Dubletten sind mehrere Datensätze, die das gleiche Realweltobjekt beschreiben. Typische Beispiele sind mehrfach erfasste Kunden in einem CRM-System oder verschiedene Repräsentationen eines Produkts. In der heutigen Informationsgesellschaft werden Daten in vielen verschiedenen Systemen erfasst und verarbeitet. Die steigende Anzahl an Datenquellen weckt den Wunsch nach einer Integration dieser Daten, was eine der Hauptursachen für Duplikate ist. Das Auffinden dieser Duplikate ist eine komplexe Aufgabe, die bei großen Datenbeständen selbst für moderne Rechner Tage oder Wochen in Anspruch nehmen kann.

Duplikaterkennung ist schon seit Jahrzehnten Gegenstand der Forschung. Ein Ansatz zur Reduzierung des Aufwands sind Partitionierungsstrategien. Die am weitesten verbreiteten Ansätze, Blocking und Windowing, werden in dieser Arbeit miteinander verglichen und darauf aufbauend ein verallgemeinertes Verfahren entwickelt. Es zeigt sich, dass eine intelligente Auswahl von zu vergleichenden Datensatz-Paaren den Aufwand der Duplikaterkennung signifikant reduzieren kann, ohne die Qualität der Duplikaterkennung wesentlich zu beeinflussen.

Dieses Buch entstand im Rahmen meiner Masterarbeit. Dass es zu einer Buchveröffentlichung gekommen ist, dafür gebührt mehreren Menschen mein Dank.

Als erstes möchte ich mich bei Prof. Felix Naumann vom Hasso-Plattner-Institut in Potsdam bedanken, der meine Arbeit inhaltlich betreut und das Experiment einer externen Masterarbeit unterstützt hat. Erst durch die vielen Diskussionen ist die Arbeit zu diesem Erfolg geworden.

Die Auszeichnung meiner Arbeit mit dem Information Quality Best Master Degree Award kam für mich sehr überraschend. Mein Dank gilt der DGIQ und insbesondere Dr. Marcus Gebauer, der dieses Buchvorhaben stets befürwortet hat.

Auch mein privates Umfeld hat erheblich zum Fortschritt dieser Arbeit beigetragen. Insbesondere möchte ich mich bei meinen Eltern für ihr Verständnis und ihre Unterstützung bedanken.

Berlin, November 2011

Uwe Draisbach

Inhaltsverzeichnis

1 Gegenstand der Arbeit   **1**
   1.1 Thematischer Überblick 1
   1.2 Aufbau der Arbeit 3

2 Duplikaterkennung   **5**
   2.1 Einleitung 5
   2.2 Entstehung und Auswirkungen von Duplikaten 8
   2.3 Ablauf der Duplikaterkennung 10
   2.4 Ähnlichkeitsmessung 14
   2.5 Beurteilung der Qualität der Duplikaterkennung 24
   2.6 Zusammenfassung 28

3 Blocking-Verfahren   **31**

4 Windowing-Verfahren   **35**
   4.1 Sorted-Neighborhood-Methode 35
   4.2 Multi-Pass Sorted-Neighborhood 38
   4.3 Union-/Find-Methode 39
   4.4 Inkrementelle Duplikaterkennung 40

5 Vergleich Blocking- und Sorted-Neighborhood-Methode   **41**
   5.1 Theoretischer Vergleich 41
   5.2 Praktischer Vergleich 50
   5.3 Zusammenfassung für die Entwicklung eines verallgemeinerten Verfahrens 59

6 Verallgemeinertes Verfahren   **61**
   6.1 Untersuchung der optimalen Partitionsüberschneidung 61
   6.2 Beschreibung des Algorithmus 63
   6.3 Analyse des Algorithmus 66
   6.4 Bewertung des verallgemeinerten Verfahrens 75

7 Zusammenfassung   **79**

Anhang 83

Literaturverzeichnis 89

Abbildungsverzeichnis

1.1	Die Sorted-Neighborhood-Methode im Vergleich zur Blocking-Methode	2
2.1	Ablauf Duplikaterkennung	10
2.2	Beispiel Levenshtein-Distanz	17
2.3	Beispiel Transkript	17
2.4	Ergebnisse der Duplikaterkennung	25
2.5	Optimierung von Recall und Precision	27
2.6	Zielkonflikt der Duplikaterkennung	29
3.1	Blocking-Verfahren	32
4.1	Ablauf der Sorted-Neighborhood-Methode	36
4.2	Multi-Pass Sorted-Neighborhood-Methode	38
4.3	Ablauf der Union/Find-Methode	40
5.1	Ansätze der Blocking- und Windowing-Verfahren	42
5.2	Vergleich Blocking- und Sorted-Neighborhood-Methode	43
5.3	Vergleich des Aufwands der Duplikaterkennung	46
5.4	Entwicklung der Blockanzahl	47
5.5	Angleichung von Blocking- und Sorted-Neighborhood-Methode	49
5.6	Ablauf praktischer Vergleich Blocking und Sorted-Neighborhood	50
5.7	Vergleich von Precision und Recall	57
5.8	Vergleich des F-Measure	58
6.1	Überlagerungen von Partitionen	62
6.2	Abstand der echten Duplikate für verschiedene Sortierschlüssel	63
6.3	Darstellung verallgemeinertes Verfahren	64
6.4	Programmablaufplan verallgemeinertes Verfahren	65
6.5	Anzahl Tupelvergleiche für n=10.000 bei verschiedenen Partitionsgrößen	67
6.6	Vergleich von Precision und Recall	71
6.7	Vergleich des F-Measure	72

6.8 Vergleich des F-Measure für verschiedene Überlagerungsgrößen . 74
6.9 Effizienz der Partitionsgrößen 76

Tabellenverzeichnis

2.1	Ähnlichkeit für „Mayer" und „Maier"	19
2.2	Soundex Substitutionssymbole	20
2.3	Beispiele für Soundex	21
2.4	Kölner Phonetik Substitutionssymbole	22
2.5	Beispiele für Kölner Phonetik	23
5.1	Übersicht der Tupelvergleiche	44
5.2	Vergleich der Komplexitäten	45
5.3	Übersicht der Fenster- und Blockgrößen	51
5.4	Testdatensätze	53
5.5	Ergebnis Vergleichsdurchführung	55
5.6	Ergebnis Vollständiger Vergleich	55
6.1	Anzahl Tupelvergleiche bei verschiedenen Partitionsgrößen	67
6.2	Ergebnisse des verallgemeinerten Verfahrens	69
6.3	Vergleich des F-Measure für verschiedene Überlagerungsgrößen	73
A.1	Gesamtliste Attribute Testdatensätze	87

1 Gegenstand der Arbeit

1.1 Thematischer Überblick

Duplikaterkennung beschreibt Verfahren, um in einem Datenbestand mehrere Datensätze zu identifizieren, die dasselbe Objekt der realen Welt beschreiben. In relationalen Daten wird dies durch den paarweisen Vergleich zweier Tupel mit einem Ähnlichkeitsmaß erreicht. Der Abstand der Tupel und ein vorgegebener Schwellwert bestimmen dann, ob die Tupel als Duplikat oder Nicht-Duplikat klassifiziert werden.

Der paarweise Vergleich aller Tupel führt bei n Datensätzen zu $(n^2 - n)/2$ Vergleichen (bei 10.000 Datensätzen ca. 50 Mio. Vergleiche). Da der Zeitaufwand zu groß ist, wird die Relation in geeignete Partitionen unterteilt, und es werden nur noch Paare innerhalb einer Partition verglichen, ohne dabei die Qualität der Duplikaterkennung substantiell zu verschlechtern.

Ein Ansatz zur Partitionierung sind *Blocking-Verfahren*, die die Relation anhand eines Schlüssels in disjunkte Partitionen unterteilen. Die Effizienz und Effektivität der Blocking-Methode hängen von der Anzahl der Elemente in jeder Partition und dem Schlüssel ab. Bei zu vielen Elementen pro Partition werden viele unnötige Vergleiche durchgeführt. Sind zu wenig Elemente pro Partition vorhanden (im Extremfall ein Element pro Partition), werden ggf. reale Duplikate nicht gefunden.

Den Blocking-Verfahren stehen *Windowing-Verfahren* wie die Sorted-Neighborhood-Methode gegenüber, bei der die Datensätze zunächst anhand eines Schlüssels sortiert und anschließend nur Tupel innerhalb der „Nachbarschaft" verglichen werden. Hierzu wird ein Fenster mit einer fixen Größe über die sortierten Elemente gelegt und mit der Schrittweite 1 verschoben. Der paarweise Tupel-Vergleich erfolgt ausschließlich innerhalb des jeweiligen Fensters. Die Effizienz und Effektivität hängen sowohl von der Fenstergröße, als auch von dem Sortierschlüssel ab.

Die miteinander verglichenen Tupel unterscheiden sich bei den genannten Verfahren, was zu abweichenden Ergebnissen bei der Effizienz und Effektivität der Algorithmen führt. Sie lassen sich jedoch an das jeweilig andere Verfahren angleichen. Bei Windowing-Verfahren geschieht dies durch eine Vergrößerung des Fensters. Dementsprechend können bei den Blocking-Verfahren überlappende Partitionen gebildet werden. Die Vorgehensweise ist in Abbildung 1.1 dargestellt. Sie zeigt für 20 sortierte Tupel, welche Tupelvergleiche bei den jeweiligen Verfahren durchgeführt werden und wie die beiden Verfahren einander angeglichen werden können. Dies hat jedoch zur Konsequenz, dass die Anzahl der zu vergleichenden Tupel und somit die Laufzeit des Algorithmus steigt.

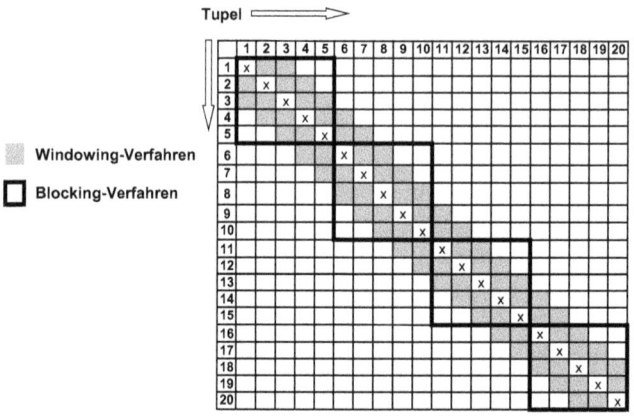

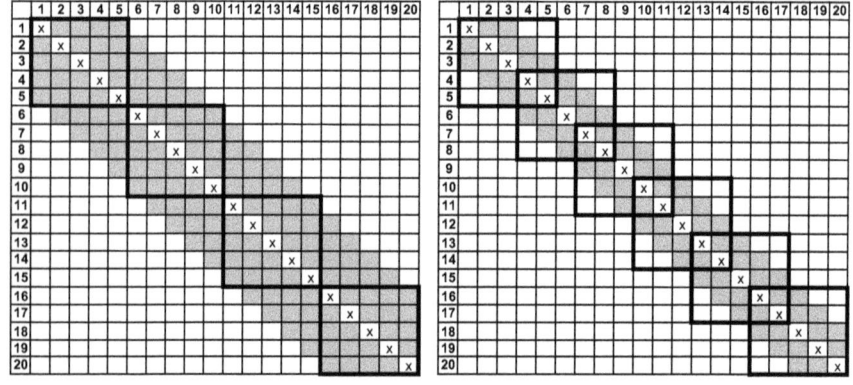

Abbildung 1.1: Die Sorted-Neighborhood-Methode im Vergleich zur Blocking-Methode

In der bisherigen Forschung werden beide Verfahren getrennt voneinander betrachtet. Bei den Blocking-Verfahren besteht keine Überlappung zwischen den Partitionen, wohingegen bei der Sorted-Neighborhood-Methode die Fenster eine maximale Überlappung aufweisen und sich nur durch ein Element voneinander unterscheiden. Ziel der Arbeit ist ein Vergleich zwischen Blocking- und Windowing-Verfahren und die Entwicklung eines neuen, verallgemeinerten Verfahrens. Hierzu ist zu charakterisieren, wie stark sich die Partitionen im optimalen Fall überlappen sollen. Zunächst sollen die Basisalgorithmen beider Verfahren implementiert und anhand von Testdatensätzen quantitativ und qualitativ miteinander verglichen werden. Die gewonnenen Erkenntnisse fließen dann in die Entwicklung eines neuen, verallgemeinerten Verfahrens. Dieses soll im Vergleich zu den Windowing- und Blocking-Verfahren die Effizienz der Duplikaterkennung steigern.

1.2 Aufbau der Arbeit

Schwerpunkt der Arbeit ist ein Vergleich von Windowing- und Blocking-Verfahren zur Partitionierung von relationalen Daten bei der Duplikaterkennung. In **Kapitel 2** wird zunächst ein Überblick über Duplikaterkennung gegeben. Neben einer Betrachtung, wie Duplikate entstehen und welche Auswirkungen sie haben, wird auch der Duplikaterkennungs-Prozess beschrieben. Kapitel 2.4 beschäftigt sich mit der Ähnlichkeitsmessung und stellt verschiedene Maße vor, mit denen die Ähnlichkeit zweier Tupel bestimmt werden kann. Den Abschluss bildet Kapitel 2.5, in dem die Messung der Qualität der Duplikaterkennung beschrieben wird. Es werden Kennzahlen vorgestellt, mit denen die Effektivität und Effizienz der Duplikaterkennung quantifizierbar gemacht werden können.

Kapitel 3 und **Kapitel 4** beschreiben zwei Partitionierungsstrategien, mit denen die Effizienz der Duplikaterkennung gesteigert werden kann. Kapitel 3 erläutert zunächst das Blocking, bei dem die Gesamtmenge der Datensätze in disjunkte Teilmengen aufgeteilt wird. Kapitel 4 stellt ein Windowing-Verfahren, genauer gesagt die Sorted-Neighborhood-Methode vor. Zu dem ursprünglichen Basis-Algorithmus der Sorted-Neigborhood-Methode von Hernandez und Stolfo[1] werden auch noch Erweiterungen wie das Multipass-Verfahren und die inkrementelle Sorted-Neighborhood-Methode vorgestellt.

Kapitel 5 vergleicht dann die beiden Partitionierungsstrategien Blocking und Sorted-Neighborhood. Neben einer theoretischen Betrachtung der beiden Verfahren erfolgt auch ein praktischer Vergleich anhand von Testdatensätzen. Für den Vergleich wird auf die theoretischen Grundlagen aus Kapitel 2 zurückgegriffen, insbesondere auf die Kennzahlen zur Güte der Duplikaterkennung (siehe Kapitel 2.5).

In **Kapitel 6** wird ein neues Partitionierungsverfahren entwickelt, basierend auf dem Vergleich aus Kapitel 5. Dieses Verfahren hat das Ziel, die Effizienz der Du-

---
[1] vgl. [15]

plikaterkennung zu steigern, ohne die Effektivität signifikant zu reduzieren. Neben einer theoretischen Beschreibung erfolgt auch eine Implementierung des Verfahrens und ein Vergleich mit den Partitionierungsverfahren Blocking und Sorted-Neighborhood mit Hilfe der in Kapitel 5 verwendeten Testdaten.

Kapitel 7 fasst die Ergebnisse der Arbeit noch einmal zusammen und es wird ein Ausblick auf weitere Fragestellungen aus diesem Themenkomplex gegeben.

2 Duplikaterkennung

2.1 Einleitung

Daten liegen heutzutage zumeist nicht mehr zentral an einem physischen Ort vor, sondern sind weltweit an jeweils lokalen Orten verteilt. Für einen vollständigen Überblick über die Daten ist es notwendig, die verschiedenen Quellen zu integrieren und in einer einheitlichen Sicht darzustellen. Dies ist Aufgabe der Datenintegration, die jedoch dadurch erschwert wird, dass die Quellen verteilt, autonom und heterogen sind[1]. Autonomie bedeutet, dass die Quellen unabhängig voneinander erstellt und gepflegt werden. Die Autonomie der Quellen ist daher auch die Ursache für die Heterogenität der Quellen. Bei struktureller Heterogenität ist ein bestimmter Sachverhalt der Realwelt in zwei Quellen unterschiedlich modelliert. Demgegenüber steht die semantische Heterogenität, bei der ein modellierter Sachverhalt in verschiedenen Systemen eine unterschiedliche Bedeutung hat. Die Lösung dieser Heterogenitäten ist Aufgabe des Schema-Matchings.

Neben den Heterogenitäten auf Schema-Ebene existieren jedoch auch Heterogenitäten auf Datenebene. Ein klassisches Beispiel sind Kundendaten, die in verschiedenen Systemen eines Unternehmens gespeichert sind. Für einen Kunden können beispielsweise verschiedene Schlüssel existieren, durch die er identifiziert wird. Datenheterogenitäten entstehen nicht nur bei der Integration verschiedener Quellen, sondern treten auch in einer einzelnen Quelle auf. Zur Lösung der Datenheterogenitäten werden Techniken der Duplikaterkennung und der Datenfusion verwendet. Bleiholder und Schmidt[2] definieren Duplikate als „Datensätze, die dasselbe Realweltobjekt beschreiben". Eine Duplikatgruppe ist daher die „Menge aller Datensätze, die dasselbe Realweltobjekt beschreiben"[3]. Dabei bezeichnen Realwelt-Objekte Elemente aus einem Universum von Objekten der Wirklichkeit, die sich klar voneinander abgrenzen lassen[4]. Realwelt-Objekte haben folgende Eigenschaften[5]:

---

[1] vgl. hierzu und zum Folgenden [8], S. 123
[2] [8], S. 129
[3] [8], S. 129
[4] vgl. [26], S. 17
[5] vgl. [26], S. 18

1. Sie sind eindeutig anhand ihrer Vergangenheit, Eigenschaften und Beziehungen zu anderen Realwelt-Objekten identifizierbar. Die Menge der Eigenschaften ist beliebig und veränderlich.
2. Realwelt-Objekte haben einen Lebenszyklus, d.h., es gibt einen Start- und Endzeitpunkt ihrer Existenz.
3. Sie existieren unabhängig von anderen Realwelt-Objekten.

Die hohe Variabilität von Realwelt-Objekten bzgl. ihrer Eigenschaften und Beziehungen lässt sich bei der elektronischen Speicherung der Daten in Datenbanken nur begrenzt realisieren. Es erfolgt daher eine Modellbildung, bei der bestimmte Eigenschaften und Beziehungen ausgewählt werden. Die in einer Relation enthaltenen Daten sind also nur eine Teilmenge sämtlicher Daten eines Realwelt-Objekts.

Aufgabe der Duplikaterkennung bei relationalen Daten ist es, in einer Tabelle mit verschiedenen Repräsentationen von Realwelt-Objekten eine Spalte mit ID-Werten zu erzeugen, so dass gleichen Realwelt-Objekten die gleichen ID-Werte zugewiesen werden[6]. Gegeben sind zwei Datenbanken A_1 und A_2, die Elemente mit Daten über ein Universum von Realwelt-Objekten enthalten. Es sind genau die Paare von Elementen $(a,a') \in A_1 \times A_1$, $(b,b') \in A_2 \times A_2$ sowie $(a,b) \in A_1 \times A_2$ zu finden, die sich jeweils auf ein und dasselbe Realwelt-Objekt beziehen[7].

Das Grundprinzip der Duplikaterkennung ist der paarweise Vergleich aller Tupel. Aus dem Vergleich lässt sich eine Maßzahl für die Ähnlichkeit zweier Tupel ableiten, wobei ein Schwellwert festlegt, ob die Tupel als Duplikat klassifiziert werden. Für eine Relation lässt sich die Duplikaterkennung anhand eines SQL-Befehls darstellen[8]:

```
SELECT C1.*
     , C2.*
  FROM R AS C1
     , R AS C2
 WHERE sim(C1,C2) => θ
```

In der WHERE-Klausel wird die Ähnlichkeit zweier Tupel anhand der Ähnlichkeitsfunktion *sim* ermittelt. Ist der von der Ähnlichkeitsfunktion berechnete Wert

---
[6]vgl. [8], S. 129
[7]vgl. [26], S. 4
[8]vgl. [19], S. 330 f.

2.1 Einleitung

größer oder gleich dem Schwellwert θ, so werden beide Tupel als Duplikat ausgegeben. Eine Beschreibung von Ähnlichkeitsmaßen für die Ähnlichkeitsfunktion *sim* findet sich in Kapitel 2.4.

Für die Duplikaterkennung existieren verschiedene Synonyme. So wird im Deutschen auch der Begriff *Dublettenerkennung* verwendet. Im Englischen sind die Begriffe *record linkage*, *object identification*, *entity resolution* oder *merge/purge* üblich[9]. Duplikaterkennung ist schon seit Jahrzehnten ein Forschungsthema. Ein Artikel zum Thema *record linkage* wurde bereits 1946 von Halbert L. Dunn[10] verfasst.

Schürle[11] beschreibt fünf Kategorien für Anwendungsgebiete für Record-Linkage-Verfahren:

1. **Eliminierung von Duplikaten in einem Datenbestand**
   Eliminierung von Duplikaten innerhalb einer Quelle (z.B. mehrfach angelegte Kunden in einer Quelle).

2. **Kombination von Datensätzen**
   Zusammenfassung von Datensätzen verschiedener Quellen, so dass keine Realwelt-Objekte doppelt vorhanden sind (z.B. Kundendaten in verschiedenen Quell-Systemen).

3. **Gewinnung von Informationen über Zusammenhänge**
   Enthalten zwei Datenmengen unterschiedliche Informationen, so können durch die Kombination der Informationen gleicher Realwelt-Objekte Zusammenhänge erkannt werden (z.B. in der medizinischen Forschung, wenn aktuelle Krankendaten mit Daten aus der Vergangenheit verknüpft werden und sich so ggf. Risikofaktoren oder Ursachen für Krankheiten ermitteln lassen[12]).

4. **Identifikation von Elementen in übergeordneten Populationen**
   Anhand bestimmter Eigenschaften lassen sich Objekte in übergeordneten Populationen identifizieren (z.B. das Auffinden eines Buches in einer Literaturdatenbank[13]).

5. **Sicherung des Datenschutzes**
   Das ursprüngliche Ziel von Record-Linkage-Verfahren ist es, gleiche Ele-

---
[9] vgl. [19], S. 330
[10] vgl. [11]
[11] vgl. [32], S. 2 f.
[12] vgl. [6]
[13] vgl. [27], S. 3 ff.

mente der Realwelt zu identifizieren. Sie lassen sich jedoch auch für eine Prüfung verwenden, ob aus anonymisierten Daten doch wieder auf die Realwelt-Objekte geschlossen werden kann.

2.2 Entstehung und Auswirkungen von Duplikaten

Duplikate sind zwar Repräsentanten derselben Realwelt-Objekte, sie unterscheiden sich jedoch in ihren Attributwerten, insbesondere bei den Attributen die ein Objekt identifizieren. Enthalten Duplikate gleiche Bezeichnungen in den Attributen die ein Realwelt-Objekt identifizieren, so sind die Duplikate leicht zu finden. Dieser Fall kann jedoch schon technisch ausgeschlossen werden, beispielsweise durch die Verwendung einer UNIQUE-Bedingung auf einer Datenbanktabelle. Sind die Attribut-Werte jedoch fehlerhaft, so liegt keine Identität mehr vor. Leser und Naumann[14] beschreiben vier Ursachen für Datenfehler:

1. **Dateneingabe und Erfassung**
   Sowohl bei der manuellen Dateneingabe, als auch bei der automatischen Datenerfassung können Fehler aus unterschiedlichsten Gründen auftreten. Durch die fehlerhaften Daten können gleiche Realwelt-Objekte nicht direkt erkannt werden und es entstehen Duplikate. Mögliche Ursachen[15] sind:

   - Tippfehler/Hörfehler
     Z.B. „Meier", „Meyer", „Maier". Dies passiert beispielsweise häufig, wenn mit Kunden über verschiedene Kanäle kommuniziert wird.
   - Hinzufügen, weglassen oder abkürzen von zusätzlichen Angaben
     Z.B. „Frankfurt", „Frankfurt a. M.", „Frankfurt am Main".
   - Verwendung unterschiedlicher Reihenfolge zusammengesetzter Attribute
     Z.B. „Max Mustermann", „Mustermann, Max".
   - Betrugsversuche
     Z.B. Kunden mit schlechter Bonität, die sich mehrfach bei einem Versandhandel mit unterschiedlichen Angaben anmelden, um weiterhin Waren geliefert zu bekommen.
   - Schutz der Privatsphäre
     Z.B. unvollständige oder inkorrekte Kundendaten in Webformularen, wenn zu viele Pflichtfelder gefordert sind.

---
[14]vgl. [19], S.323 f.
[15]vgl. auch [8], S. 131

- Messfehler bei automatischer Datenerfassung
  Z.B. Barcodescanner, Messinstrumente, Schrifterkennungsalgorithmen. Grund hierfür sind teilweise technische Grenzen, teilweise jedoch auch bewusst in Kauf genommene Fehler, z.b. aufgrund von Kostenaspekten.

2. **Alterung**
   Im Laufe der Zeit können auch ursprünglich korrekte Daten veralten und damit inkorrekt werden (z.b. Adresse nach einem Umzug oder Aktienkurse).

3. **Transformation**
   Daten werden zur besseren Auswertung häufig transformiert, z.b. Umrechnung von Werten in andere Maßeinheiten. Fehler entstehen hierbei durch fehlerhafte Umrechnungswerte (z.B. fehlerhafte Wechselkurse).

4. **Integration**
   Bei der Integration von Daten kommt es aufgrund der Autonomie der Quellen häufig zu Duplikaten. Weiteres Problem bei der Integration sind Konflikte in den Duplikaten, d.h. die Informationen über ein Realwelt-Objekt widersprechen sich.

Auswirkungen von Duplikaten

Betrachtet man die Auswirkungen von Duplikaten aus wirtschaftlicher Sicht, so ergeben sich eine Vielzahl negativer Konsequenzen. So können Kunden mit einer schlechten Zahlungshistorie ggf. weitere Waren bestellen, da sie eine neue Kundennummer erhalten haben. Im Rahmen von Marketing-Kampagnen ergeben sich einerseits zusätzliche Portokosten, andererseits erleidet ein Unternehmen auch einen Imageschaden, wenn es Kunden mehrfach anschreibt. Abgesehen von Kundendaten, entstehen auch Probleme wenn sich Duplikate in Produktdaten befinden. Ist ein Produkt mit mehreren Produkt-Identifizierern enthalten, wird es ggf. eingekauft, obwohl es noch im Lager vorhanden ist bzw. es wird mehrfach eingekauft ohne Mengenrabatte zu nutzen.

Neben den wirtschaftlichen Auswirkungen existieren jedoch auch IT-technische Auswirkungen durch nicht erkannte Duplikate:[16]:

- Die Anzahl der Realwelt-Objekte kann nicht durch einfaches Zählen ermittelt werden, sondern liegt unter der Gesamt-Menge an Objekten in einem Datenbestand.

---
[16] vgl. [8], S. 129ff.

- Inkonsistenzen entstehen, wenn ein Datensatz geändert wird, jedoch nicht das Duplikat.
- Bei einem Löschvorgang bleibt das Duplikat im Datenbestand erhalten, das Realwelt-Objekt ist somit nicht vollständig entfernt.

Duplikate verbrauchen weiterhin unnötigerweise Speicherplatz und Rechenleistung. Sie sind daher möglichst zu vermeiden bzw. zu beseitigen.

2.3 Ablauf der Duplikaterkennung

Obwohl der Ablauf der Duplikaterkennung abhängig von den Daten und verwendeten Methoden ist, lässt sich ein grobes Vorgehensmodell skizzieren. Batini und Scannapieco[17] gliedern diesen Prozess in fünf Schritte, die in Abbildung 2.1 dargestellt sind.

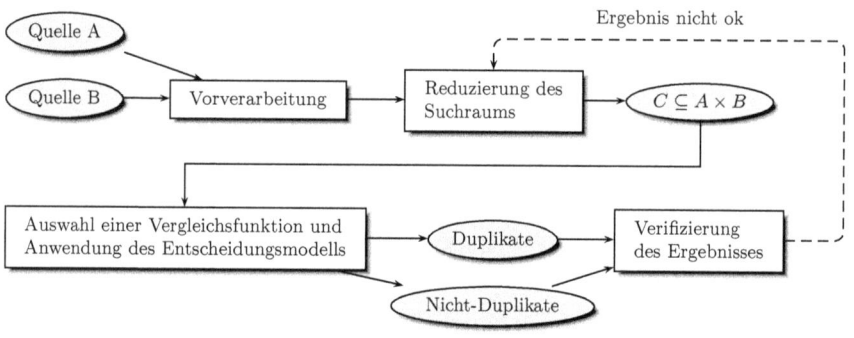

Abbildung 2.1: Ablauf Duplikaterkennung

Schritt 1: Vorverarbeitung
Die Vorverarbeitung hat das Ziel, die Daten zu vereinheitlichen und offensichtliche Fehler zu korrigieren. Diese Aufgabe ist domänenspezifisch und sollte daher von einem Domänen-Experten spezifiziert werden.

---

[17] vgl. [5], S101 ff.

2.3 Ablauf der Duplikaterkennung

Die Vorverarbeitung beinhaltet beispielsweise[18]:

- Groß-/Kleinschreibung
  Verwendung einer homogenen Schreibweise bei alphanumerischen Zeichenketten für eine bessere Vergleichbarkeit (z.B. „FernUni", „Fernuni" →„fernuni").

- Prüfung der Schreibweise
  Verwendung von Referenztabellen zur Korrektur von Tippfehlern.

- Ersetzen von Abkürzungen
  Ersetzung von allgemein bekannten Abkürzungen (z.B. „Str." →„Strasse")

- Vereinheitlichung von Namen
  Zerlegung von Namen in ihre Bestandteile (z.B. Titel, Vorname, Nachname) und Sortierung in eine einheitliche Reihenfolge (z.B. „Mustermann, Max" →„Max Mustermann"). Die Bestandteile von Namen sind domänen- und sprachspezifisch. So können auch Namen in eine andere Sprache übersetzt werden (z.B. „Giuseppe" →„Joseph").

- Vereinheitlichung von Adressen
  Analog zur Vereinheitlichung von Namen bestehen auch Adressen aus verschiedenen Bestandteilen (z.B. Straße, Hausnummer, Postleitzahl, Stadt), in die die Adressen zerlegt werden.

- Transformation von Formaten
  Vereinheitlichung von Feldern mit unterschiedlichen Formaten. Dies betrifft beispielsweise Datumsangaben (z.B. „01. April 2008" →„01.04.2008") und Telefonnummern (z.B. „030/12345678" →„+493012345678").

- Konvertierung von Einheiten
  Numerische Werte können mit Hilfe einer Konvertierungsfunktion in eine andere Einheit umgerechnet werden (z.B. Währungsumrechnungen, Temperaturangaben).

- Ersetzen von Leerstellen
  Für einen korrekten Vergleich müssen Leerstellen in Zeichenketten ersetzt werden (z.B. „fernuni hagen" →„fernunihagen").

- Behandlung fehlender Werte
  Fehlen Werte, so sollten diese nicht für die Duplikaterkennung herangezogen werden oder mit Standardwerten belegt werden.

---
[18] vgl. [15], S 132, [19], S. 326 ff. und [34], S. 88 f.

Schritt 2: Reduzierung des Suchraums
Ein einfacher Algorithmus zur Duplikaterkennung vergleicht mit Hilfe von zwei geschachtelten Schleifen alle Tupel einer Relation[19]. Da zwei Tupel nur einmal miteinander verglichen werden müssen und ein Tupel nicht mit sich selbst verglichen werden muss, führt der paarweise Vergleich sämtlicher Tupel bei n Datensätzen zu $\frac{n^2-n}{2}$ Vergleichen. Für 10.000 Datensätze sind dies bereits ca. 50 Mio. Vergleiche. Der Zeitaufwand ist bei großen Datenbanken zu hoch, deshalb ist eine Reduzierung des Suchraums erforderlich. Die Relation wird daher in geeignete Partitionen unterteilt, so dass nur noch Paare innerhalb einer Partition verglichen werden, ohne dabei die Qualität der Duplikaterkennung substantiell zu verschlechtern.

Durch die Reduktion des Suchraums kann es jedoch passieren, dass Realwelt-Duplikate verschiedenen Partitionen zugeordnet werden. Dadurch werden sie nicht miteinander verglichen und fälschlicherweise als Nicht-Duplikat klassifiziert. Der Auswahl geeigneter Partitionen kommt also eine besondere Bedeutung zu. Zur Reduzierung des Suchraums stehen drei verschiedene Methoden zur Verfügung:

- Pruning
  Pruning hat das Ziel, Datensätze aus dem Suchraum zu entfernen, die keine Duplikate sind, ohne jedoch diese Datensätze einem Vergleich zu unterziehen. Sind beispielsweise zwei Datenquellen mit Personendaten gegeben, wovon die eine Quelle Männer und Frauen und die andere Quelle nur Frauen enthält, so können die Datensätze der Männer aus der ersten Quelle entfernt werden. Pruning setzt schon vor dem eigentlichen Vergleich der Tupel an und kann mit Blocking oder der Sorted-Neighborhood-Methode kombiniert werden.

- Blocking
  Beim Blocking werden die Datensätze in disjunkte Mengen aufgeteilt. Eine Beschreibung der Blocking-Methode findet sich in Kapitel 3.

- Sorted-Neighborhood-Methode
  Die Sorted-Neighborhood-Methode sortiert die Datensätze nach einem Sortierschlüssel und bewegt dann ein Fenster konstanter Länge über die Datensätze. Der Datensatzvergleich reduziert sich dabei um die jeweils im Fenster enthaltenen Datensätze. Eine Beschreibung der Sorted-Neighborhood-Methode findet sich in Kapitel 4.

---
[19] vgl. hierzu und zum Folgenden [13], S. 11

2.3 Ablauf der Duplikaterkennung 13

Die Reduzierung des Suchraums ist der Schwerpunkt dieser Arbeit. Ein Vergleich zwischen Blocking und Sorted-Neighborhood-Methode findet sich in Kapitel 5.

Schritt 3: Auswahl einer Vergleichs-Funktion
Auswahl einer Funktion oder einer Menge von Regeln, die die Distanz zwischen zwei Tupeln bestimmen. Je ähnlicher sich zwei Tupel sind, desto größer ist der Wert der Vergleichsfunktion. Das einfachste Ähnlichkeitsmaß ist die Identität. Ähnlichkeitsmaße werden in Kapitel 2.4 vorgestellt. Alternativ zu einer Vergleichs-Funktion kann auch eine manuelle Entscheidung, ob zwei Tupel Duplikate sind, verwendet werden.

Schritt 4: Anwendung des Entscheidungs-Modells
Klassifizierung der Tupel als Duplikate oder Nicht-Duplikate mit Hilfe der zuvor definierten Vergleichs-Funktion. Die Klassifizierung wird einerseits durch das Ähnlichkeitsmaß, andererseits durch den verwendeten Schwellwert θ beeinflusst. Setzt man $\theta = 1$, so werden nur identische Tupel als Duplikate klassifiziert. Dies führt jedoch ggf. dazu, dass Duplikate übersehen werden. Nachdem alle Tupel klassifiziert wurden, kann zusätzlich noch die transitive Hülle der Duplikate gebildet werden. Dies bedeutet, dass wenn die Elemente A und B sowie die Elemente B und C als Duplikate erkannt wurden, so sind auch A und C Duplikate und die Elemente A, B und C bilden daher eine Duplikatgruppe für ein Realwelt-Objekt. Hierbei besteht jedoch die Gefahr, dass Elemente als Duplikate klassifiziert werden, die eigentlich keine Duplikate sind. Dies liegt an der schrittweisen Entfernung vom ursprünglichen Datensatz innerhalb der transitiven Kette[20]. Sind die beiden Endelemente einer transitiven Kette keine Duplikate, so hat die Ähnlichkeitsfunktion an einer Stelle der Kette versagt und Elemente fälschlicherweise als Duplikate klassifiziert. Zur Lösung dieses Problems können die Elemente in einem manuellen Schritt explizit als Nicht-Duplikate klassifiziert werden[21].

Schritt 5: Verifizierung des Ergebnisses
Prüfung der Effektivität des Ergebnisses. Wenn das Ergebnis nicht zufriedenstellend ist, wird der Prozess ab Schritt 2 wiederholt. Eine Beschreibung von Kennzahlen für die Verifizierung findet sich in Kapitel 2.5.

---

[20]vgl. hierzu und zum Folgenden [19], S. 341f. Leser und Naumann geben als Beispiel die Kette *FATHER* ≈ *FOTHER* ≈ *MOTHER* ≈ ... an, bei der die Elemente „*FATHER*" und „*MOTHER*" offensichtlich keine Duplikate sind.
[21]vgl. [10], S. 90

2.4 Ähnlichkeitsmessung

In den vorherigen Kapiteln wurde bereits beschrieben, dass bei der Duplikaterkennung die Ähnlichkeit zweier Tupel mit Hilfe einer Ähnlichkeitsfunktion *sim* gemessen wird. Das einfachste Ähnlichkeitsmaß ist die Identität, bei der alle Attribute zweier Tupel miteinander verglichen werden. Die Vergleichsfunktion *sim* liefert den Wert 1, wenn alle Attribute identisch sind bzw. 0 bei nicht identischen Attributen[22]. Bei der Identität führen kleinste Abweichungen (z.B. zwei vertauschte Buchstaben beim Namen) zwischen zwei Attributwerten direkt zu einer Ähnlichkeit von 0.

Für eine Ähnlichkeitsfunktion zweier Tupel sind die verschiedenen Attribute der Tupel zu berücksichtigen. Dies kann beispielsweise durch die Konkatenation der einzelnen Attributwerte erfolgen, woraufhin anschließend der Abstand der beiden entstandenen Zeichenketten gemessen wird. Hierbei fallen fehlende Werte jedoch übermäßig stark ins Gewicht und unterschiedliche Attributtypen werden nicht berücksichtigt[23]. Daher werden die Attribute eines Tupel-Paares meistens einzeln betrachtet. Für jedes Attribut wird separat die Distanz berechnet, wobei die Distanz normalerweise im Wertebereich von 0 bis 1 liegt[24]. Verykios et al.[25] fassen das Ergebnis der einzelnen Attributvergleiche in einem Vergleichsvektor zusammen. Die einzelnen Elemente des Vergleichsvektors können zusätzlich verschieden gewichtet werden, um den unterschiedlichen Informationsgehalt der Attribute und Attributwerte zu berücksichtigen[26]. So hat ein Nachname beispielsweise einen höheren Informationsgehalt als das Geschlecht einer Person. Die gewichteten Abstände der einzelnen Attribute können dann für eine Klassifikation der Tupel-Paare als Duplikat oder Nicht-Duplikat verwendet werden. Dies kann mit einer Regelmenge bzw. einem Entscheidungsbaum erfolgen.

```
Gegeben sind zwei Datensätze r1 und r2.
   IF  r1.Nachname = r2.Nachname
   AND sim(r1.Vorname, r2.Vorname) => θ
   AND r1.Adresse = r2.Adresse
   THEN r1 = r2
```

---

[22]vgl. [19]
[23]vgl. [19], S. 338
[24]vgl. [14], S. 387. Abweichend kann der Wertebereich auch von -1 bis 1 definiert sein.
[25]vgl. [34], S. 90
[26]vgl. [17], S. 415

2.4 Ähnlichkeitsmessung

Die Funktion *sim* ist ein domänen- und typspezifisches Ähnlichkeitsmaß für ein einzelnes Attribut. In den folgenden Unterkapiteln werden solche Ähnlichkeitsmaße beschrieben.

2.4.1 Edit-basierte Ähnlichkeitsmaße

Edit-basierte Ähnlichkeitsmaße vergleichen zwei Zeichenketten buchstabenweise. Je mehr Buchstaben übereinstimmen, desto ähnlicher sind sich die Zeichenketten. Ein weit verbreitetes Edit-basiertes Ähnlichkeitsmaß ist die Levenshtein-Distanz[27] bzw. Edit-Distanz. Sie ist definiert als die minimale Anzahl von Edit-Operationen, um eine Zeichenkette in eine andere Zeichenkette zu transformieren. Edit-Operationen sind Einfügen, Löschen und Ersetzen eines Buchstabens.

Zur Berechnung der Levenshtein-Distanz existieren verschiedene Algorithmen. Der in diesem Kapitel vorgestellte Algorithmus basiert auf der dynamischen Programmierung[28]. Gegeben sind zwei Zeichenketten x und y, für die die Edit-Distanz $ed(x,y)$ gesucht wird. Es wird eine Matrix $C_{0..|x|,0..|y|}$ erzeugt, wobei $C_{i,j}$ die minimale Anzahl an Edit-Operationen darstellt, um $x_{1..i}$ in $y_{1..j}$ zu konvertieren[29]. Die Werte der Matrix können mit einer Rekursionsgleichung[30] formuliert werden:

$$C_{i,0} = i$$
$$C_{0,j} = j$$
$$C_{i,j} = \min[\ C_{i-1,j} + 1,$$
$$C_{i,j-1} + 1,$$
$$C_{i-1,j-1} + d(x_i, y_j)\ ]$$

mit
$$d(x_i, y_j) = 0 \quad \text{wenn } x_i = y_j$$
$$\quad\quad\quad\quad = 1 \quad \text{ansonsten}$$

Für die Edit-Distanz gilt dann $ed(x,y) = C_{|x|,|y|}$. $C_{i,0} = i$ und $C_{0,j} = j$ bezeichnen die Edit-Distanz zwischen einer Zeichenkette der Länge i bzw. j und einer leeren Zeichenkette. In diesem Fall werden für die Konvertierung i bzw. j Löschoperationen benötigt[31]. Für zwei nicht leere Zeichenketten der Länge i, j betrachtet man die letzten Buchstaben x_i und y_j. Gilt $x_i = y_j$, so ist keine Edit-Operation für den letzten Buchstaben notwendig und die Edit-Distanz entspricht derjenigen für die

---

[27] vgl. [20]
[28] vgl. hierzu und zum Folgenden [35] S. 171 f.
[29] $x_{1..i}$ ist ein Präfix der Länge i von der Zeichenkette x. Analog ist $y_{1..j}$ ist ein Präfix der Länge j von der Zeichenkette y.
[30] vgl. hierzu und zum Folgenden [25], S. 43 f.
[31] Aus Sicht der leeren Zeichenkette können auch i, j Einfüge-Operationen verwendet werden.

Konvertierung von $x_{1..i-1}$ nach $y_{1..j-1}$. Sind x_i und y_j nicht gleich, so bestehen ausgehend von den erlaubten Edit-Operationen drei Möglichkeiten[32]:

1. Löschen von x_i mit Kosten von 1 und Addition der Edit-Distanz für die Konvertierung von $x_{1..i-1}$ nach $y_{1..j}$.
2. Einfügen von y_i am Ende von $x_{1..i}$ mit Kosten von 1 und Addition der Edit-Distanz für die Konvertierung von $x_{1..i}$ nach $y_{1..j-1}$.
3. Ersetzen von x_i durch y_i mit Kosten von 1 und Addition der Edit-Distanz für die Konvertierung von $x_{1..i-}$ nach $y_{1..j-1}$.

Der Algorithmus zum Befüllen der Matrix arbeitet bottom-up. Die Matrix hat $|x|+1$ Spalten und $|y|+1$ Zeilen und wird zunächst mit den Randbedingungen $C_{i,0} = i$ und $C_{0,j} = j$ befüllt. Anschließend können sukzessive die Werte derjenigen Zellen berechnet werden, deren linker, oberer und linker-oberer Zellnachbar bereits berechnet wurden. Dies kann beispielsweise spalten- oder zeilenweise erfolgen. Die Komplexität des Algorithmus ist $O(|x| \cdot |y|)$. Abbildung 2.2 zeigt dies für die Zeichenketten „Levenshtein" und „Meilenstein". Die Pfeile zeigen den jeweils optimalen Weg

Aus der Matrix kann anschließend das Transkript abgelesen werden, welches die einzelnen Änderungsoperationen beschreibt[33]. Beginnend mit Zelle $C_{|x|,|y|}$ springt man immer zu derjenigen Zelle links, oberhalb oder diagonal links-oben, deren Zellwert plus die jeweiligen Schrittkosten den aktuellen Zellwert ergeben. Existieren mehrere Alternativen, so handelt es sich um verschiedene valide Edit-Operationen. Sprünge ohne Edit-Operation bzw. Ersetzen-Operationen entsprechen einem diagonalen Sprung, Lösch-Operationen einem Sprung nach links und Einfüge-Operationen einem Sprung nach oben. Abbildung 2.3 zeigt das Transkript für das vorherige Beispiel. Hierbei bedeutet ein „=" keine Operation, ein „+" Einfügen eines Buchstabens, ein „-" Löschen eines Buchstabens und ein „x" Ersetzen eines Buchstabens.

Die Levenshtein-Distanz muss anschließend noch in ein Ähnlichkeitsmaß umgewandelt werden[34]. Hierfür erfolgt eine Normalisierung auf die längere Zeichenkette und anschließend wird der Wert von 1 subtrahiert.

$$sim_{ed}(x,y) := 1 - \frac{ed(x,y)}{max\{|x|,|y|\}}$$

---

[32] Die Kosten für Edit-Operation müssen nicht 1 sein, sondern können für eine verschiedene Gewichtung von Lösch-, Einfüge- und Änderungsoperationen abweichen.
[33] vgl. hierzu und zum Folgenden [19]. S. 337
[34] vgl. hierzu und zum Folgenden [19]. S. 337

2.4 Ähnlichkeitsmessung

		L	E	V	E	N	S	H	T	E	I	N
	0	1	2	3	4	5	6	7	8	9	10	11
M	1	1	2	3	4	5	6	7	8	9	10	11
E	2	2	1	2	3	4	5	6	7	8	9	10
I	3	3	2	2	3	4	5	6	7	8	8	9
L	4	3	3	3	3	4	5	6	7	8	9	9
E	5	4	3	4	3	4	5	6	7	7	8	9
N	6	5	4	4	4	3	4	5	6	7	8	8
S	7	6	5	5	5	4	3	4	5	6	7	8
T	8	7	6	6	6	5	4	4	4	5	6	7
E	9	8	7	7	6	6	5	5	5	4	5	6
I	10	9	8	8	7	7	6	6	6	5	4	5
N	11	10	9	9	8	7	7	7	7	6	5	4

Abbildung 2.2: Beispiel Levenshtein-Distanz

l	e	v	e	n	s	h	t	e	i	n
x	=	+	x	=	=	=	-	=	=	=
m	e	i	l	e	n	s		t	e	i	n
x	=	x	+	=	=	=		-	=	=	=
l	e	v		e	n	s	h	t	e	i	n

Abbildung 2.3: Beispiel Transkript[35]

Somit ergibt sich $sim_{ed}(x,y) = 1$ für identische Zeichenketten und $sim_{ed}(x,y) = 0$ für komplett unterschiedliche Zeichenketten.

---
[35] vgl. [30], S. 926

Damerau hat in einer Untersuchung[36] festgestellt, dass 80% der Rechtschreibfehler in eine von vier Kategorien fallen: ein Buchstabe ist falsch, ein Buchstabe fehlt, ein zusätzlicher Buchstabe wurde eingefügt oder zwei nebeneinander liegende Buchstaben wurden vertauscht. Die drei erst genannten Kategorien werden mit einer einzigen Edit-Operation von der Levenshtein-Distanz behandelt, vertauschte Buchstaben verursachen jedoch zwei Edit-Operationen[37]. Die Damerau-Levenshtein-Distanz erweitert daher die Levenshtein-Distanz um eine zusätzliche Edit-Operation „Vertauschen"[38] Dies geschieht, indem in die Rekursionsgleichung der Levenshtein-Distanz zusätzlich der Term

$$C_{i-2,j-2} + d(x_{i-1}, y_j) + d(x_i, y_{j-1}) + 1$$

in die Minimierung eingefügt wird.

2.4.2 Tokenbasierte Ähnlichkeitsmaße

Bei der Edit-Distanz werden die Buchstaben in ihrer Reihenfolge verglichen[39]. Bei Zeichenketten mit mehreren Wörtern können die Wörter jedoch unterschiedliche Reihenfolgen und dabei doch eine ähnliche Bedeutung aufweisen. Für die Zeichenketten „Max Mustermann" und „Mustermann, Max" beträgt die Edit-Distanz beispielsweise 9, obwohl es sich intuitiv um die gleichen Personen handelt. Tokenbasierte Verfahren zerlegen die Zeichenketten in Token und prüfen dann, wie viele Token in beiden Zeichenketten identisch sind. Die Zerlegung in Token kann entweder anhand von Trennzeichen erfolgen (z.B. Leerzeichen, Satzzeichen) oder es werden n-Gramme gebildet.

Schürle[40] definiert n-Gramme wie folgt: *„Gegeben sei eine beliebige Zeichenkette A. Unter einem n-Gramm von A versteht man eine Zeichenkette der Länge n, welches als ganzes, d.h. ohne Unterbrechung, in A enthalten ist."* Damit jeder Buchstabe in exakt n n-Grammen enthalten ist, werden oft noch n-1 Leerzeichen am Anfang und Ende der Zeichenkette eingefügt[41].

Vergleicht man beispielsweise die Zeichenketten „Mayer" und „Maier" mit n=3, so ergeben sich folgende Mengen von 3-Grammen[42]:

---

[36] vgl. [9], S. 171
[37] Entweder es werden beide Buchstaben in den Wert des anderen geändert oder es wird ein Buchstabe gelöscht und an der richtigen Stelle wieder eingefügt.
[38] vgl. [21], S. 177 ff.
[39] vgl. hierzu und zum Folgenden [19], S.339
[40] [32], S. 38
[41] vgl. [29], S. 670
[42] 3-Gramme werden auch Trigramme genannt

2.4 Ähnlichkeitsmessung

$N_1 := \{„\_\_M", „\_Ma", „May", „aye", „yer", „er\_", „r\_\_"\}$
$N_2 := \{„\_\_M", „\_Ma", „Mai", „aie", „ier", „er\_", „r\_\_"\}$

Daraus ergibt sich:

$N_1 \cup N_2 := \{„\_\_M", „\_Ma", „May", „aye", „yer", „Mai", „aie",$
$„ier", „er\_", „r\_\_"\}$
$N_1 \cap N_2 := \{„\_\_M", „\_Ma", „er\_", „r\_\_"\}$

Zur Bestimmung der Ähnlichkeit zweier Zeichenketten existieren verschiedene Berechnungsvorschriften. Der Wertebereich der Ähnlichkeit liegt wiederum zwischen 0 für komplett unterschiedliche Zeichenketten und 1 für identische Zeichenketten. Ein viel verwendetes Maß ist die Jaccard-Ähnlichkeit, die die Anzahl der gemeinsamen Token beider Zeichenketten mit der Anzahl unterschiedlicher Token beider Zeichenketten vergleicht[43].

$$sim_{Token1}(x,y) := \frac{|N_1 \cap N_2|}{|N_1 \cup N_2|}$$

Ein zweites Maß ist der Dice-Koeffizient[44], der im Nenner nicht mehr die Anzahl unterschiedlicher n-Gramme von N_1 und N_2 enthält, sondern deren durchschnittliche Anzahl.

$$sim_{Token2}(x,y) := \frac{|N_1 \cap N_2|}{0{,}5 \cdot (|N_1| + |N_2|)}$$

Aus sim_{Token2} lässt sich dann noch ein drittes Maß ableiten, welches jedoch statt dem arithmetischen Mittel das geometrische Mittel im Nenner verwendet[45].

$$sim_{Token3}(x,y) := \frac{|N_1 \cap N_2|}{\sqrt{|N_1| \cdot |N_2|}}$$

Für die Zeichenketten „Mayer" und „Maier" zeigt Tabelle 2.1 die berechnete Distanz für die bisher vorgestellten Ähnlichkeitsmaße.

Ähnlichkeitsmaß	sim_{Token1}	sim_{Token2}	sim_{Token3}	sim_{ed}
Wert	$\frac{2}{5}$	$\frac{4}{7}$	$\frac{4}{7}$	$\frac{4}{5}$

Tabelle 2.1: Ähnlichkeit für „Mayer" und „Maier"

---

[43] vgl. [19], S. 339
[44] vgl. [2], S. 256 f.
[45] vgl. [32], S. 39

2.4.3 Phonetische Ähnlichkeitsmaße

Phonetische Ähnlichkeitsmaße vergleichen Wörter anhand des Klangs. Sie kodieren gleichklingende Wörter mit gleichen Zeichenfolgen (Phonetischer Kode) und werden insbesondere zum Vergleich von Personennamen eingesetzt. Das Prinzip ist, dass zwei Zeichenketten sich ähnlich sind, wenn ihre phonetischen Codes übereinstimmen. Ist dies der Fall, so wird den beiden Zeichenketten eine Ähnlichkeit von 1, ansonsten eine Ähnlichkeit von 0 zugewiesen[46]. In diesem Kapitel sollen zwei Verfahren vorgestellt werden: **Soundex** ist das bekannteste Verfahren und wird im angelsächsischen Sprachraum häufig eingesetzt, wohingegen die **Kölner Phonetik** speziell für den deutschen Sprachraum entwickelt wurde.

Soundex

Das Soundex-Verfahren transformiert einen Namen in einen vierstelligen Kode, der aus einem Buchstaben und drei Ziffern besteht. Das erste Zeichen des Kodes ist der erste Buchstabe des Namens. Die drei Ziffern ergeben sich aus den weiteren Buchstaben, die durch Substitutionssymbole ersetzt werden (siehe Tabelle 2.2). Hierbei gilt, dass gleiche aufeinanderfolgende Substitutionssymbole auf ein einziges Symbol reduziert werden. Hat die sich daraus ergebene Ziffernfolge mehr als drei Zeichen, so werden alle Zeichen ab der vierten Stelle abgeschnitten. Hat die Ziffernfolge weniger als drei Zeichen, so wird sie mit Nullen auf drei Ziffern aufgefüllt. Vokale und die Buchstaben H, W und Y werden für die Kodierung nicht berücksichtigt.

Buchstabe	Substitutionssymbol
B, P, V, F	1
C, G, J, K, Q, S, X, Z	2
D, T	3
L	4
M, N	5
R	6
A, E, I, O, U, H, W, Y	-

Tabelle 2.2: Soundex Substitutionssymbole[47]

---

[46]vgl. [3], S. 1
[47]vgl. [30], S. 926

2.4 Ähnlichkeitsmessung

Das Soundex-Verfahren liefert gute Ergebnisse für angelsächsische und europäische Namen[48]. Trotzdem verfügt es über Schwächen, so zum Beispiel bei kurzen Namen (Bayer und Bauer führen jeweils zum Code B600). Weiterhin gibt es eine große Abhängigkeit vom ersten Buchstaben[49]. Dies ist insbesondere problematisch, wenn Namen fremder Sprachgebiete verglichen werden. So ist Soundex nicht in der Lage, Namensvariationen wie Zyrankiewicz und Cyrankiewicz oder aber Philipovich und Filipovich zu erkennen. In Tabelle 2.3 sind Beispiele für die Kodierung mit dem Soundex-Verfahren dargestellt.

Namen	Soundexcode
Anderson, Andersen	A536
Bauer, Bayer	B600
Baumgardt, Baumgard, Baumgart, Baumgarth	B526
Mayer, Meyer, Mair, Maier, Meier	M600
Rieck, Riek	R200

Tabelle 2.3: Beispiele für Soundex[50]

Kölner Phonetik

Die Kölner Phonetik stellt eine Weiterentwicklung von Soundex dar und wurde speziell für den deutschen Sprachraum von Postel[51] entwickelt. Im Gegensatz zu Soundex ist die Länge des phonetischen Kodes nach der Kölner Phonetik nicht beschränkt, und der erste Buchstabe des Namens wird nicht beibehalten, sondern ist ebenfalls Bestandteil der Kodierung. Der Wertebereich umfasst die Ziffern 0-8, wobei sprachliche Abhängigkeiten zwischen benachbarten Buchstaben berücksichtigt werden. Aufeinanderfolgende identische Substitutionssymbole werden nur einmal berücksichtigt (z.B. RITTER = RTR = 727). Werden identische Substitutionssymbole jedoch durch Vokale getrennt, so bleiben sie erhalten (z.B. POPOW = PPF = 113). Einige Regeln gelten speziell für Anlaute. Die Substitutionssymbole für die Kölner Phonetik sind in Tabelle 2.4 dargestellt.

Weiteres Merkmal der Kölner Phonetik ist die Berücksichtigung von Besonderheiten bei Namen[52]. Zu Namensbesonderheiten in unserem Kulturbereich gehören Vorsatzwörter (z.B. Van De Velde/Vandevelde), hierarchische Adelstitel (z.B.

---

[48]vgl. hierzu und zum Folgenden [32], S. 44
[49]vgl. hierzu und zum Folgenden [30], S. 926
[50]vgl. [32], S. 44
[51]vgl. hierzu und zum Folgenden [30], S. 928f.
[52]vgl. [30], S. 929

Fürst, Herzog, Graf) und Doppelnamen (z.B. Müller-Merkenich). Die Kölner Phonetik kombiniert die Namensbestandteile in verschiedenen Varianten und prüft anschließend jede einzelne Variante. Beispielsweise wird der Name „Van De Velde" zusätzlich als „Vandevelde", „Van", „Van De" „Van Velde", „De Velde", etc. abgespeichert. Aufgrund des geringen Auftretens von Namensbesonderheiten sind die zusätzlichen Kosten für die Berechnung der Kombinationen zu vernachlässigen.

Buchstabe	Bemerkungen	Symbol
A, E, I, J, Y, O, U	und Verbindungen dieser Buchstaben, wenn sie Anlaute darstellen. Im Wortrest werden sie nicht berücksichtigt	0
H		-
B, P		1
D, T	wenn nicht C, S oder Z folgt	2
F, PH, V, W		3
G, K, Q		4
C	wenn im Anlaut und A oder H, K, L, O, Q, R, U, X folgt im Wortrest, wenn A oder O, U, H, K, X, Q folgt	4
X	wenn es nicht auf C oder K, Q folgt	48
L		5
M, N		6
R		7
S, Z		8
C	wenn im Anlaut und nicht A oder H, K, L, O, Q, R, U, X folgt im Wortrest, wenn nicht A oder O, U, H, K, X, Q folgt nach S oder Z	8
D, T	wenn C oder S, Z folgt	8
X	nach C oder K, Q	8

Tabelle 2.4: Kölner Phonetik Substitutionssymbole[53]

Tabelle 2.5 zeigt Beispiele für die Kodierung der Kölner Phonetik. Ähnlich wie beim Soundex-Verfahren führen kurze Namen zu Problemen. Bauer und Bayer werden gleich kodiert, was ggf. zu Problemen führen kann.

---

[53] vgl. [30], S. 928

2.4 Ähnlichkeitsmessung

Namen	Primärform
Anderson, Andersen	062786
Bauer, Bayer	17
Baumgardt, Baumgard, Baumgart, Baumgarth	16472
Philipovich, Filipovich	35134
Mayer, Meyer, Mair, Maier, Meier	67
Rieck, Riek	74
Zyrankiewicz, Cyrankiewicz	876438

Tabelle 2.5: Beispiele für Kölner Phonetik[54]

2.4.4 Numerische Ähnlichkeitsmaße

Werden numerische Attribute betrachtet, so ist die Distanz intuitiv der Betrag der Subtraktion beider Werte[55]. Um als Ähnlichkeitsmaß zu dienen, erfolgt zusätzlich eine Normalisierung auf den Wertebereich des Attributs, bzw. wenn dieser unbekannt ist, auf den größeren Wert der beiden Attribute.

Oftmals ist eine Subtraktion jedoch nicht sinnvoll, beispielsweise bei Hausnummern, Postleitzahlen, Ausweisnummern, etc.[56]. In diesen Fällen kann der Wert als Zeichenkette aufgefasst werden und mit den entsprechenden Verfahren behandelt werden[57]. Bei Attributen mit fixer Länge wird häufig die Hamming-Distanz verwendet, die die Attribut-Werte zeichenweise vergleicht und die Anzahl der unterschiedlichen Zeichen mißt[58]. Für die Postleitzahlen „45678" und „49673" beträgt die Hamming-Distanz beispielsweise zwei, da sich das zweite und das fünfte Zeichen unterscheidet. Die Hamming-Distanz wird dann analog zur Edit-Distanz in ein Ähnlichkeitsmaß umgewandelt.

$$sim_{Hamming}(x,y) := 1 - \frac{hamming(x,y)}{|x| \, oder \, |y|}$$

---

[54] vgl. [32], S. 46
[55] Verykios et al. verwenden in einer Untersuchung die euklidische Distanz für numerische Felder (vgl. [34], S. 94)
[56] vgl. [31], S. 113
[57] vgl. [1], S. 420
[58] vgl. [12], S. 23

2.5 Beurteilung der Qualität der Duplikaterkennung

In diesem Abschnitt werden Qualitätskriterien für die Duplikaterkennung betrachtet. Eine Liste möglicher Qualitätskriterien stammt von Neiling[59]. Er unterscheidet zwischen quantitativen und qualitativen Kriterien.

- **Quantitative Kriterien:** Korrektheit des Ergebnisses, Skalierbarkeit bzgl. wachsender Datenbankgrößen bzw. Parallelisierbarkeit, Performanz (Berechnungsaufwand wie Komplexität der Algorithmen oder benötigte Rechenzeit), sowie Kosten für den Betrieb (Hardware, Software, Personalkosten, etc.).

- **Qualitative Kriterien:** Verständlichkeit und Transparenz des Verfahrens, Benutzbarkeit, Integrierbarkeit in vorhandene Software-Architekturen, Verlässlichkeit, Vollständigkeit, Robustheit, Erweiterbarkeit, Adaptierbarkeit und Flexibilität.

Quantitative Kriterien lassen sich für einen definierten Anwendungsfall ermitteln bzw. schätzen. Qualitative Kriterien erfordern dagegen in der Regel eine Bewertung durch einen Experten.

Im Folgenden sollen zur Beurteilung der Qualität der Duplikaterkennung zwei quantitative Zielgrößen herangezogen werden[60]:

- **Effektivität**
  Beschreibt die Korrektheit des Verfahrens. Die Menge der gefundenen Duplikate soll möglichst mit der Menge der realen Duplikate übereinstimmen.

- **Effizienz**
  Beschreibt die Performanz des Verfahrens. Die Effizienz bestimmt, ob die Laufzeit des verwendeten Verfahrens zur Duplikaterkennung mit der Anzahl der Elemente skaliert. Dies ist notwendig, da bei großen Datenmengen ein vollständiger Vergleich aller Elemente zu einer zu hohen Laufzeit führt.

Die beiden Zielgrößen werden in den folgenden Unterkapiteln näher betrachtet.

2.5.1 Effektivität der Duplikaterkennung

Duplikaterkennung basiert auf dem paarweisen Vergleich einzelner Elemente, wobei die Elemente jeweils als Duplikat oder Nicht-Duplikat klassifiziert werden.

---
[59]vgl. [26], S. 143 ff.
[60]vgl. [19], S. 331f.

2.5 Beurteilung der Qualität der Duplikaterkennung

Betrachtet man das Ergebnis der Klassifikation mit der Realwelt, so ergeben sich vier Möglichkeiten[61]:

1. Ein Duplikat-Paar der Realwelt wird korrekt als Duplikat erkannt (true-positive).

2. Ein Duplikat-Paar der Realwelt wird fälschlicherweise nicht als Duplikat erkannt (false-negative).

3. Ein Paar von Nicht-Duplikaten der Realwelt wird korrekt als Nicht-Duplikat erkannt (true-negative).

4. Ein Paar von Nicht-Duplikaten der Realwelt wird fälschlicherweise als Duplikat erkannt (false-positive).

		Realität	
		Duplikat	**Kein Duplikat**
Methode	**Duplikat**	true-positive	false-positive
	Kein Duplikat	false-negative	true-negative

Abbildung 2.4: Ergebnisse der Duplikaterkennung[62]

Zur Bewertung der Effektivität von Duplikaterkennungsmethoden werden aus dem Bereich des Information Retrievals[63] zwei Maße genommen:

1. Precision (Korrektheit)

2. Recall (Vollständigkeit)

Precision misst den Anteil der gefundenen echten Duplikate (true-positives) an allen erkannten Duplikaten (true-positives + false-positives). Ein hoher Precision-Wert bedeutet daher, dass die gefundenen Duplikate auch echte Duplikate der Realwelt sind. Erreicht wird ein hoher Precision-Wert durch die Verwendung eines „strengen" Ähnlichkeitsmaßes und einen hohen Schwellwert der Ähnlichkeitsfunktion. Precision = 1 erreicht man durch Verwendung der Identität als Ähnlich-

---
[61] vgl. hierzu und zum Folgenden [19], S. 331 ff.
[62] Quelle: [19], S. 332
[63] vgl. [4], S. 75

keitsmaß. Hierdurch werden jedoch echte Duplikate der Realwelt nicht erkannt, wenn sie eine geringere Ähnlichkeit aufweisen.

$$precision = \frac{|true-positives|}{|true-positives| + |false-positives|}$$

Der **Recall** misst den Anteil der gefundenen echten Duplikate (true-positives) an allen echten Duplikaten (true-positives + false-negatives). Ein hoher Recall wird durch ein weniger strenges Ähnlichkeitsmaß mit einem niedrigen Schwellwert der Ähnlichkeitsfunktion erreicht. Einen Recall von 1 erhält man, indem alle Tupel-Paare als Duplikat klassifiziert werden. Dies bedeutet jedoch, dass viele Nicht-Duplikate falsch klassifiziert werden und somit der Wert der Precision sinkt.

$$recall = \frac{|true-positives|}{|true-positives| + |false-negatives|}$$

Precision und Recall sind somit konkurrierende Ziele bei der Ähnlichkeitsmessung. Sie sind beide vom Ähnlichkeitsmaß und dem Schwellwert abhängig, deren Konfiguration vom jeweiligen Anwendungsfall abhängt. Während bei einer einfachen Suche Precision und Recall in Summe maximal 1 ergeben, muss es dass Ziel der Duplikaterkennung sein, durch Optimierung der Verfahren möglichst für beide Kennzahlen einen hohen Wert nahe 1 zu erreichen.

Ein zusammenfassendes Gütekriterium der Duplikaterkennung ist das F-Measure, welches das harmonische Mittel aus Precision und Recall darstellt. Das F-Measure ist definiert als:

$$F-measure = \frac{2 \times recall \times precision}{recall + precision}$$

Ein weiteres Maß ist die Match-Accuracy[64]. Sie misst den Aufwand eines Benutzers, um das Ergebnis der Duplikaterkennung in das korrekte Ergebnis zu überführen. Der Aufwand entsteht durch das Hinzufügen fehlender bzw. das Löschen falscher Duplikate. Die Kosten betragen für jede Operation jeweils 1.

$$match-accuracy = recall \times (2 - \frac{1}{precision}) = \frac{TP - FP}{TP + FN}$$

Die Definition der Match-Accuracy ist nur sinnvoll, wenn die Precision nicht kleiner als 0,5 ist, da ansonsten die Match-Accuracy negativ werden würde. Ist die Precision kleiner als 0,5, d.h. mehr als die Hälfte der gefundenen Duplikate sind falsch klassifiziert, dann verursacht eine manuelle Klassifikation weniger Aufwand.

---

[64] vgl. [22], S. 123

2.5 Beurteilung der Qualität der Duplikaterkennung

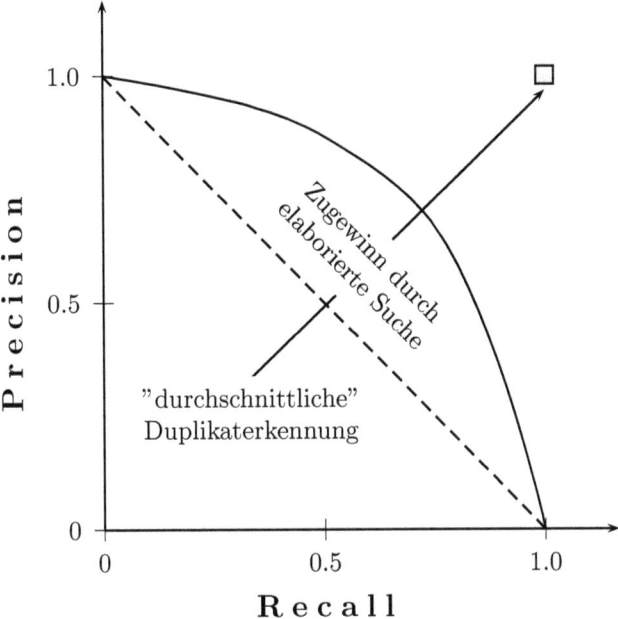

Abbildung 2.5: Optimierung von Recall und Precision[65]

2.5.2 Effizienz der Duplikaterkennung

Effizienz ist definiert als das „Verhältnis zwischen dem erreichten Ergebnis und den eingesetzten Ressourcen"[66]. Das Ergebnis der Duplikaterkennung sind die gefundenen Duplikate. Kennzahlen zur Beurteilung des Ergebnisses wurden bereits im vorherigen Kapitel vorgestellt. Um eine hohe Effizienz zu erreichen gilt es daher, die eingesetzten Ressourcen zu reduzieren.

$$Effizienz = \frac{Ergebnis}{Ressourcen}$$

---

[65]Quelle: in Anlehnung an [33], S. 64
[66][28], S. 22

Die benötigten Ressourcen für die Durchführung der Duplikaterkennung können mit der Zeit eines Durchlaufs quantifiziert werden[67]. Die benötigte Zeit hängt im wesentlichen von zwei Faktoren ab:

1. **Anzahl der Tupelvergleiche**
   Ein vollständiger Vergleich aller Tupel ist sehr kostenintensiv. Zur Steigerung der Effizienz sollten unnötige Vergleiche nach Möglichkeit vermieden werden, ohne die Effektivität signifikant zu beeinträchtigen[68].

2. **Komplexität der Ähnlichkeitsfunktion**
   Bei Tupeln mit vielen Attributen ist der Aufwand für den Vergleich der einzelnen Attribute relativ hoch. Zur Steigerung der Effizienz kann eine Reduktion auf eine Teilmenge der Attribute vorgenommen werden[69]. Weiterhin kann der Attribut-Vergleich abgebrochen werden, wenn die Klassifikation als Duplikat/Nicht-Duplikat feststeht und die noch nicht verglichenen Attribute die Klassifikation nicht mehr ändern. Ist der Einfluss der Attribute auf das Gesamtergebnis unterschiedlich gewichtet, so sind zunächst Attribute mit einer hohen Gewichtung zu vergleichen.

Betrachtet man Precision, Recall und Effizienz, so wird ein Zielkonflikt deutlich. Ein komplexes Ähnlichkeitsmaß steigert zwar die Precision, verringert dabei jedoch die Effizienz. Das gleiche gilt für den Recall, der durch die Partitionsgröße und damit der Anzahl der Vergleiche beeinflusst wird. Ein hoher Recall geht ebenfalls zu Lasten der Effizienz. Der verwendete Schwellwert für das Ähnlichkeitsmaß wiederum beeinflusst Precision und Recall. Dieser Zusammenhang ist noch einmal in Abbildung 2.6 dargestellt.

2.6 Zusammenfassung

Duplikaterkennung beschäftigt sich mit der Identifizierung gleicher Realwelt-Objekte in einem Datenbestand. Anwendungsgebiete für die Duplikaterkennung sind beispielsweise die Bereinigung von Datenbeständen, die Kombination von Datensätzen aus mehreren Quellen oder die Gewinnung von Informationen über Zusammenhänge zwischen Daten verschiedener Quellen. Duplikate repräsentieren

---

[67] Unter Ressourcen fällt auch die verwendete Hardware. Um jedoch die Vergleichbarkeit von Algorithmen zu gewährleisten, ist jeweils die gleiche Hardware zu verwenden. Daher wird im Folgenden auf eine Betrachtung von Hardware-Aspekten verzichtet.
[68] vgl. auch Kapitel 2.3
[69] vgl. hierzu und zum Folgenden [13], S. 12 und [34], S. 92

2.6 Zusammenfassung

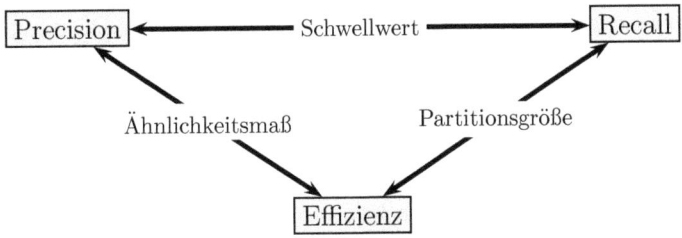

Abbildung 2.6: Zielkonflikt der Duplikaterkennung[70]

zwar dasselbe Realwelt-Objekt, unterscheiden sich jedoch häufig in ihren Attributausprägungen, speziell bei Attributen die das Realwelt-Objekt identifizieren. Das Prinzip der Duplikaterkennung ist der paarweise Vergleich. Hierfür wird domänenspezifisches Wissen benötigt, um geeignete Ähnlichkeitsmaße zu definieren.

Die Ursachen für Duplikate sind vielfältig. Bei der Integration mehrerer Systeme wurden die Daten ggf. mehrfach erfasst. In einem einzigen Datenbestand entstehen Duplikate häufig durch eine fehlerhafte Erfassung, beispielsweise durch Tipp- oder Hörfehler, Verwendung unterschiedlicher Schreibweisen oder Messfehler. Weitere Gründe für die Entstehung von Duplikaten sind die Alterung und die Transformation von Daten. Durch Duplikate wird unnötig Platz und Rechenleistung verbraucht. Es ist nicht mehr möglich, durch einfaches Zählen die Anzahl der Realwelt-Objekte zu identifizieren, und bei Änderungs- und Lösch-Operationen entstehen Inkonsistenzen, da nicht alle Elemente erfasst werden. Aus wirtschaftlicher Sicht bedeuten Duplikate, dass Kunden ggf. mehrfach angeschrieben werden, wodurch ein Imageschaden entsteht, oder Mengenrabatte ungenutzt bleiben.

Die Duplikaterkennung erfolgt in fünf Schritten. Ziel der *Vorverarbeitung* ist es, die Daten zu vereinheitlichen und offensichtliche Fehler zu korrigieren. Dies umfasst eine Vereinheitlichung der Groß- und Kleinschreibung, Beseitigung von Tippfehlern, Ersetzen bekannter Abkürzungen, Vereinheitlichung von Namen und Adressen, Transformation von Formaten, Konvertierung von Einheiten und Behandlung von fehlenden Werten. Nach der Vorverarbeitung erfolgt eine *Reduzierung des Suchraums*. Dies ist notwendig, da der Aufwand eines vollständigen paarweisen Tupelvergleichs quadratisch ist und daher insbesondere bei großen Datenbeständen zu hohen Kosten führt. Zwei Verfahren zur Reduzierung des Suchraums sind das Blocking, welches die Datenmenge in disjunkte Blöcke unterteilt und die Sorted-Neighborhood-Methode, welche ein Fenster fixer Größe über die sortier-

---

[70]Quelle: [19], S. 334

ten Daten bewegt und nur innerhalb des Fensters die Tupel paarweise vergleicht. Diese beiden Verfahren sind in den Kapiteln 3 und 4 detaillierter beschrieben.

In Schritt 3 wird eine *Vergleichsfunktion* ausgewählt, die die Ähnlichkeit zweier Tupel beschreibt. Hierfür werden die Attribute der Tupel einzeln mit einem Abstandsmaß verglichen. Welches Abstandsmaß ausgewählt wird, ist attribut- und domänenspezifisch. Für Zeichenketten kann der Abstand beispielsweise mit der Edit-Distanz berechnet werden. Tokenbasierte Verfahren eignen sich, wenn eine Zeichenkette aus mehreren Wörtern besteht, die in einer unterschiedlichen Reihenfolge enthalten sein können. Speziell für Namen sind phonetische Verfahren sinnvoll, die den Abstand der Wörter anhand des Klangs bestimmen. Bei numerischen Verfahren muss individuell betrachtet werden, ob der Betrag der Differenz sinnvoll ist oder die Zahlen besser als Zeichenketten betrachtet werden. Nachdem die Vergleichsfunktion bestimmt wurde, wird ein *Entscheidungsmodell* angewendet. Dieses klassifiziert Tupel als Duplikat oder Nicht-Duplikat anhand des Abstands der Vergleichsfunktion und eines Schwellwerts. Der Schwellwert ist ebenfalls domänenspezifisch und bestimmt, wie streng die Klassifikation ist.

Der abschließende Schritt ist die Verifizierung des Ergebnisses. Hierbei misst die Precision die Genauigkeit der Duplikaterkennung, d.h. wie sicher gefundene Duplikate echte Duplikate sind. Höhere Schwellwerte führen zu höherer Precision. Mit dem Recall wird die Vollständigkeit bestimmt, d.h. wieviel Prozent der echten Duplikate als Duplikat klassifiziert werden. Ein hoher Recall wird durch einen niedrigen Schwellwert erreicht. Somit sind Precision und Recall konkurrierende Kennzahlen. Ziel ist, durch Verfeinerung der Ähnlichkeitsmessung möglichst beide Kennzahlen nahe an 1 zu bringen. Das F-Measure (harmonische Mittel aus Precision und Recall) ist ein zusammenfassendes Gütekriterium.

3 Blocking-Verfahren

In Kapitel 2.3 wurde die Notwendigkeit der Reduzierung des Suchraums bei der Duplikaterkennung bereits angesprochen. Diese ist notwendig, da ein vollständiger paarweiser Vergleich sämtlicher Tupel bei n Datensätzen zu $\frac{n^2-n}{2}$ Vergleichen führt. Die Datensätze sind daher in Partitionen zu zerlegen und der Vergleich ist auf diese Partitionen beschränkt. Durch die Partitionierung sinkt der Recall, da Duplikate in unterschiedliche Partitionen fallen können und somit nicht mehr als Duplikate erkannt werden. Gleichzeitig steigt jedoch die Effizienz, da viele unnötige Vergleiche von Nicht-Duplikaten entfallen. Wie die Zerlegung in Partitionen erfolgt, ist abhängig von der Partitionierungsstrategie, die einen großen Einfluss auf das Ergebnis der Duplikaterkennung hat. In diesem Kapitel wird das Blocking vorgestellt. Kapitel 4 beschreibt anschließend die Sorted-Neighborhood-Methode.

Blocking teilt die Gesamtmenge der Datensätze in gleich oder verschieden große Blöcke auf, die jeweils eine disjunkte Teilmenge der Datensätze enthalten. Sei N die Menge der Datensätze, b die Anzahl der Blöcke mit $b \geq 2$ und N_i die Menge der Datensätze im i-ten Block mit $1 \leq i \leq b$. Dann gelte:

$$N = N_1 \cup N_2 \cup N_i ... \cup N_b \quad \text{und}$$
$$N_1 \cap N_2 \cap N_i ... \cap N_b = \emptyset$$

Blocking wird durch Sortierung der Datensätze anhand eines Blocking-Schlüssels realisiert. Datensätze mit dem gleichen Blocking-Schlüssel werden in einem Block gruppiert. Alternativ zur Sortierung kann auch eine Hash-Funktion verwendet werden, wodurch die Datensätze einzelnen Hash-Blöcken zugeordnet werden[1]. Der Hash-Wert kann jedoch nicht direkt für den Duplikat-Vergleich zweier Tupel herangezogen werden, da nicht sichergestellt ist, dass der Hash-Wert zweier „ähnlicher" Tupel der gleiche ist[2].

Ein Blocking-Schlüssel besteht aus einem oder mehreren Attributen des Datensatzes bzw. aus Teilen der Attribute. Er sollte so gewählt werden, dass Tupel einer Duplikatengruppe dem gleichen Block zugeordnet werden. Weiterhin sollen eine große Anzahl an Schlüsseln existieren und die Datensätze möglichst gleichmäßig auf die Schlüssel verteilt werden. Die für die Schlüsselbildung verwendeten Attri-

---

[1] vgl. [12], S. 22
[2] vgl. [13], S. 11

bute dürfen nur eine geringe Wahrscheinlichkeit für fehlerhafte Werte aufweisen, um eine falsche Zuordnung zu vermeiden[3]. Die hierdurch gebildeten Blöcke weisen eine variable Blockgröße auf. Blöcke konstanter Größe werden erreicht, indem die Datensätze wie beschrieben sortiert werden, die Blockzuweisung jedoch nicht anhand des Blocking-Schlüssels erfolgt, sondern jeweils eine feste Anzahl an Datensätzen den einzelnen Blöcken zugewiesen wird. Hierdurch entsteht jedoch das Problem, dass Duplikate mit gleichem Blocking-Schlüssel trotzdem unterschiedlichen Blöcken zugewiesen und somit nicht als Duplikat erkannt werden.

Für eine Betrachtung des Aufwands der Duplikaterkennung mit Blocking sei n die Anzahl der Datensätze und b die Anzahl der Blöcke[4]. Wenn alle Blöcke die gleiche Größe haben, so hat jeder Block $\frac{n}{b}$ Datensätze. Der paarweise Vergleich aller Datensätze pro Block verursacht für alle Blöcke einen Aufwand von $O(\frac{b}{2} * ((\frac{n}{b})^2 - \frac{n}{b}))$ was $O(\frac{n^2}{2b})$ ergibt. Zusätzlich müssen noch der Blocking-Schlüssel berechnet und die Datensätze in Blöcke gruppiert werden, was einen Gesamtaufwand von $O(h(n) + \frac{n^2}{2b})$, mit $h(n) = n * \log n$ für die Sortierung bzw. $h(n) = n$ für das Hashing ergibt.

Sind die Blöcke unterschiedlich groß, so gilt $n = n_1 + n_2 + ... + n_i$, wobei n_i die Anzahl der Datensätze des i-ten Block enthält. Für die Duplikaterkennung werden somit $\sum_{i=1}^{b} n_i^2$ Vergleiche durchgeführt. Aufgrund des quadratischen Aufwands der Duplikaterkennung pro Block, hängt der Aufwand bei variablen Blockgrößen maßgeblich von der Anzahl Datensätzen im größten Block ab. Abbildung 3.1 zeigt noch einmal den Unterschied zwischen variabler und fester Blocklänge.

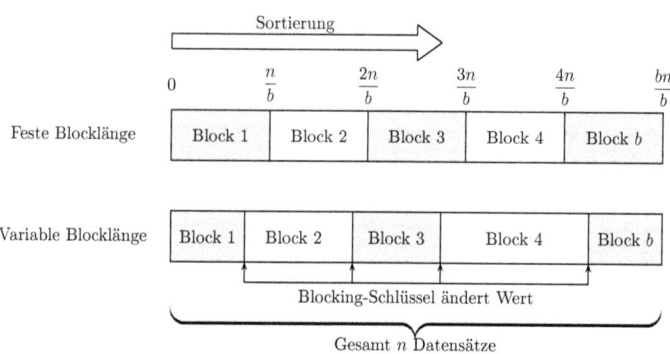

Abbildung 3.1: Blocking-Verfahren

---
[3]vgl. [17], S. 415
[4]vgl. hierzu und zum Folgenden [5], S. 104

3 Blocking-Verfahren

Bei Betrachtung von Kosten und Nutzen des Blockings ist die gesparte Zeit und Rechenleistung für die Duplikaterkennung einer sinkenden Effektivität gegenüberzustellen. Der Blocking-Schlüssel sollte daher so gewählt werden, dass der Recall nicht signifikant sinkt. Die Auswahl eines geeigneten Schlüssels ist eine nicht-triviale domänenspezifische Aufgabe, die meistens manuell erfolgt. Es können mehrere sinnvolle Schlüssel existieren, daher schlagen Bilenko et al.[5] vor, die optimale Blockingmethode automatisiert zu erlernen. Eine Untersuchung zur Auswahl der besten Blockingmethode stammt auch von Kelley[6]. Statt der Verwendung eines einzigen Blocking-Schlüssels, können auch Multi-Pass-Techniken eingesetzt werden, d.h. die mehrfache Ausführung der Duplikaterkennung mit jeweils einem anderen Blocking-Schlüssel[7]. Dies erhöht jedoch wieder die Anzahl der durchgeführten Vergleiche, wodurch die Effizienz sinkt.

---

[5] vgl. [7]
[6] vgl. [18]
[7] vgl. [13], S. 11 und [17], S. 415

4 Windowing-Verfahren

Windowing-Verfahren reduzieren die Tupel-Vergleiche auf diejenigen Datensätze, die innerhalb eines definierten Fensters liegen. Die Sorted-Neighborhood-Methode wurde von Hernandez und Stolfo[1] entwickelt. Sorted-Neighborhood bedeutet übersetzt „sortierte Nachbarschaft" und basiert auf der Idee, dass die Datensätze zunächst nach einem Schlüssel sortiert und anschließend nur noch Tupel miteinander verglichen werden, die innerhalb einer definierten Nachbarschaft liegen.

4.1 Sorted-Neighborhood-Methode

Die Sorted-Neighborhood-Methode besteht aus drei Schritten:

1. **Erzeugung eines Schlüssels**
   Zunächst wird ein Sortierschlüssel definiert. Hierfür werden relevante Attribute oder Bestandteile der Attribute konkateniert[2] (z.B. die ersten drei Buchstaben des Nachnamens und die ersten beiden Buchstaben des Vornamens).

2. **Sortierung**
   Die Tupel werden anhand des in Schritt 1 gebildeten Schlüssels alphabetisch sortiert. Wenn ein geeigneter Schlüssel verwendet wurde, liegen die Duplikate nach der Sortierung dicht beieinander.

3. **Duplikaterkennung**
   Es wird ein Fenster mit konstanter Länge w ($2 \leq w \leq n$) [3] über die sortierte Liste geschoben. Der paarweise Vergleich wird nur für die Elemente innerhalb des jeweiligen Fensters vorgenommen. Das Fenster definiert somit die „Nachbarschaft". Nachdem alle Elemente eines Fensters auf Duplikate

---

[1] vgl. hierzu und zum Folgenden [15]
[2] vgl. [8], S. 134
[3] Im Falle von $w = 2$ werden nur direkt nebeneinander liegende Elemente miteinander verglichen. Bei $w = n$ sind alle Elemente in einem einzigen Fenster enthalten. In diesem Fall macht die Verwendung des Sorted-Neighborhood-Algorithmus keinen Sinn, da keine Partitionierung der Gesamt-Menge der Elemente erfolgt.

geprüft wurden, wird das Fenster innerhalb der sortierten Liste um ein Element weitergeschoben, wodurch das erste Element des vorherigen Fensters aus der Menge der zu vergleichenden Tupel entfällt. Die übrigen $w-1$ Elemente des ursprünglichen Fensters sind jedoch auch im neuen Fenster enthalten. Um doppelte Duplikatsprüfungen zu vermeiden, müssen diese $w-1$ Elemente nur mit dem neu hinzugekommenen Element verglichen werden. Das Verschieben des Fensters endet, sobald das letzte Element der sortierten Liste erreicht wurde.

Häufig wird in einem zusätzlichen vierten Schritt die transitive Hülle der Duplikate gebildet. Abbildung 4.1 verdeutlicht den Ablauf der Sorted-Neighborhood-Methode.

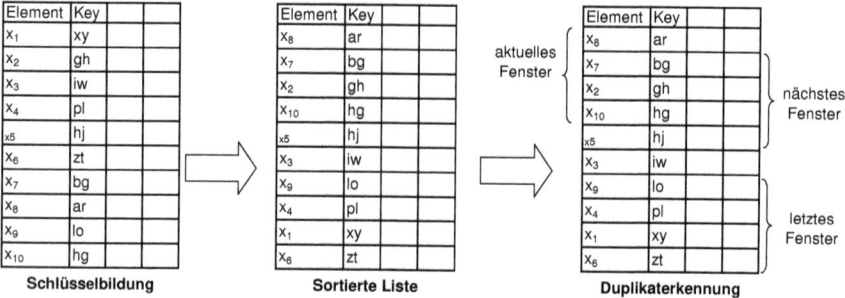

Abbildung 4.1: Ablauf der Sorted-Neighborhood-Methode[4]

Der Aufwand für einen Durchlauf der Sorted-Neighborhood-Methode hängt von zwei Faktoren ab:

1. Anzahl der Elemente: n

2. Größe des Fensters: w

Für eine Analyse des Aufwands[5] der Sorted-Neighborhood-Methode müssen zunächst die Phasen einzeln betrachtet werden. Für die **Schlüsselbildung** muss jeder Datensatz einmal gelesen werden. Die Komplexität ist daher $O(n)$, wobei dies noch nicht die Kosten für die Berechnung des Schlüsselwerts enthält. Die **Sortierung** der Datensätze verursacht einen Aufwand von $O(n \log n)$. Die abschließende

---
[4]Quelle: in Anlehnung an [5], S. 114
[5]vgl. hierzu und zum Folgenden [16], S. 13

4.1 Sorted-Neighborhood-Methode

Duplikaterkennung benötigt $(w-1)(n-\frac{w}{2})$ Tupel-Vergleiche[6], die Komplexität ist daher $O(wn)$. Werden die Phasen seriell ausgeführt, ergibt sich insgesamt eine Komplexität von $O(n(w+\log n))$. Vergleicht man w und $\log n$, so gilt in der Regel $w > \log n$. Für diesen Fall ist die Gesamt-Komplexität $O(wn)$, ansonsten $O(n \log n)$. In Experimenten hat sich eine Fenstergröße von $w=20$ als ausreichend erwiesen[7].

Für sehr große Datenbanken sind die dominierenden Kosten voraussichtlich die Festplatten-Zugriffe, da nicht alle Daten im Hauptspeicher gehalten werden können[8]. Insgesamt müssen die Daten mindestens dreimal gelesen werden, je einmal pro Phase. Für die Sortierphase sind jedoch mehrere Zugriffs-Durchläufe wahrscheinlich.

Die Effektivität der Sorted-Neighborhood-Methode hängt stark vom verwendeten Sortierschlüssel ab[9]. Dabei haben Attribute, die am Anfang des Schlüssels auftreten, einen größeren Einfluss auf das Ergebnis als solche, die erst später auftreten. Enthält ein Datensatz in einem Attribut mit großem Einfluss einen Fehler, so ist es unwahrscheinlich, dass dieser Datensatz in die Nähe ähnlicher Datensätze sortiert wird. Werden Datensätze beispielsweise anhand der Postleitzahl sortiert, so ist es unwahrscheinlich, dass die Datensätze mit den Postleitzahlen „19432" und „91432" in dasselbe Fenster fallen, obwohl nur die ersten beiden Ziffern vertauscht sind. Der Sortierschlüssel sollte daher invariant sein für typische Fehler in den Daten, d.h. zwei Tupel mit unterschiedlichen, verfälschten Daten erhalten trotzdem den identischen Sortierschlüssel[10]. Beispielsweise sollten „Müller" und „Mueller" nicht zu einem unterschiedlichen Sortierschlüssel führen, wenn die restlichen Attribute gleiche Werte haben. Weiterhin ist zu beachten, dass die Anzahl der Tupel mit identischem Sortierschlüssel nicht größer als das Fenster w ist. Andernfalls würden Elemente mit gleichem Sortierschlüssel ggf. nicht in das gleiche Fenster fallen und könnten somit nicht als Duplikat erkannt werden.

Bisher wurde die Basis-Version der Sorted-Neighborhood-Methode beschrieben, die einen einzigen Durchlauf durch die sortierte Liste beinhaltet. In den folgenden Unterkapiteln werden Erweiterungen des Algorithmus vorgestellt, die als Ziel die Erhöhung der Effektivität bzw. der Effizienz der Sorted-Neighborhood-Methode haben.

---

[6] vgl. [12], S. 22
[7] vgl. [19], S. 342
[8] vgl. hierzu und zum Folgenden [16], S.13
[9] vgl. hierzu und zum Folgenden [15], S. 131
[10] vgl. [26], S. 95 f.

4.2 Multi-Pass Sorted-Neighborhood

Die Multi-Pass-Methode basiert auf der Annahme, dass ein einziger Durchlauf durch die sortierte Liste nicht die besten Resultate liefert. Wie bereits erläutert wurde, können bereits kleine Fehler in den Daten dazu führen, dass die Schlüssel zweier Duplikate nicht mehr dicht beieinander liegen. Bei der Multi-Pass-Methode erfolgen daher mehrere Durchläufe durch die sortierte Liste, wobei bei jedem Durchlauf ein unterschiedlicher Sortierschlüssel verwendet wird. Mehrere Durchläufe führen jedoch zu einer höheren Anzahl an Tupel-Vergleichen, was die Effizienz des Algorithmus sinken lässt. Als Ausgleich wird daher vorgeschlagen, die Größe des Fensters und damit auch die Anzahl der Tupel-Vergleiche zu verringern[11].

Bei jedem einzelnen Durchlauf der Multi-Pass-Methode werden Duplikaten-Paare identifiziert. Nachdem alle Durchläufe abgeschlossen sind, kann wieder die transitive Hülle gebildet werden. Das Ergebnis sind dann die Duplikate der einzelnen Durchläufe und zusätzlich die aus der transitiven Hülle abgeleiteten Duplikate. Abbildung 4.2 verdeutlicht den Ablauf der Multi-Pass-Methode. Im ersten Durchlauf werden zwei Duplikat-Paare gefunden (grau unterlegt). Im zweiten Durchlauf wird aufgrund der neuen Sortierung (Attribut „Key") ein weiteres Duplikat-Paar gefunden. Nach Bildung der transitiven Hülle besteht das Ergebnis aus zwei Duplikatgruppen.

Element	Key
x_1	gh
x_2	hj
x_3	iw
x_4	pl
x_5	xy
x_6	zt

Durchlauf 1

Element	Key
x_2	1a
x_6	2g
x_4	4f
x_3	5b
x_1	8z
x_5	9u

Durchlauf 2

Duplikate:
1. Durchlauf: x_1,x_2 und x_4,x_5
2. Durchlauf: x_4,x_3

Duplikate nach Bildung der transitiven Hülle:
x_1, x_2
x_3, x_4, x_5

Abbildung 4.2: Multi-Pass Sorted-Neighborhood-Methode

---

[11] vgl. [5], S. 115

4.3 Union-/Find-Methode

Bei der Union-/Find-Methode werden die Tupel nicht immer direkt miteinander verglichen, sondern es wird für jede Duplikatgruppe eine Tupelmenge angelegt, aus der jeweils ein Repräsentant ausgewählt wird. Weiterhin wird eine Vorrangwarteschlange (Priority Queue) zur Verwaltung der Repräsentanten verwendet. Für die Tupelmengen gibt es zwei Operationen[12]:

- **Union**(x, y)
  Vereint die Tupelmengen, in denen x und y enthalten sind.

- **Find**(x)
  Liefert den Repräsentanten der Tupelmenge, in der x enthalten ist.

Die Union-/Find-Methode verwendet ebenfalls mehrere Durchläufe von Sortierung und Duplikaterkennung. Monge und Elkan schlagen zwei Durchläufe vor, in denen die Attribute der Tupel jeweils zu einem String konkateniert werden. Im ersten Durchlauf erfolgt eine Sortierung alphabetisch von links nach rechts und im zweiten Durchlauf von rechts nach links.

Für ein neu eingelesenes Tupel i wird zunächst mit der Find-Operation geprüft, ob der Repräsentant der Menge, in der i enthalten ist, mit einem Repräsentanten in der Priority Queue identisch ist. Ist dies der Fall, so ist i schon in einer Tupelmenge der Priority Queue enthalten und der nächste Datensatz kann gelesen werden. Die Find-Methode ist dabei nur wenig kostenintensiv. Ergibt die Find-Methode jedoch keinen Treffer, so wird das Tupel i mit Hilfe eines Ähnlichkeitsmaßes mit den Repräsentanten der Priority Queue verglichen. Wird eine ausreichende Ähnlichkeit festgestellt, so wird die Union-Operation ausgeführt und die beiden Tupelmengen werden vereint. Andernfalls wird das Tupel als Repräsentant einer neuen Menge in der Priority Queue eingefügt und erhält die höchste Priorität. Durch die Sortierung liegen ähnliche Tupel dicht beieinander. Die Anzahl der Tupelmengen in der Priority Queue kann daher gering sein (z.B. 4). In Abbildung 4.3 wird noch einmal der Ablauf der Union-/Find-Methode dargestellt.

---

[12]vgl. hierzu und zum Folgenden [23], S. 24 ff.

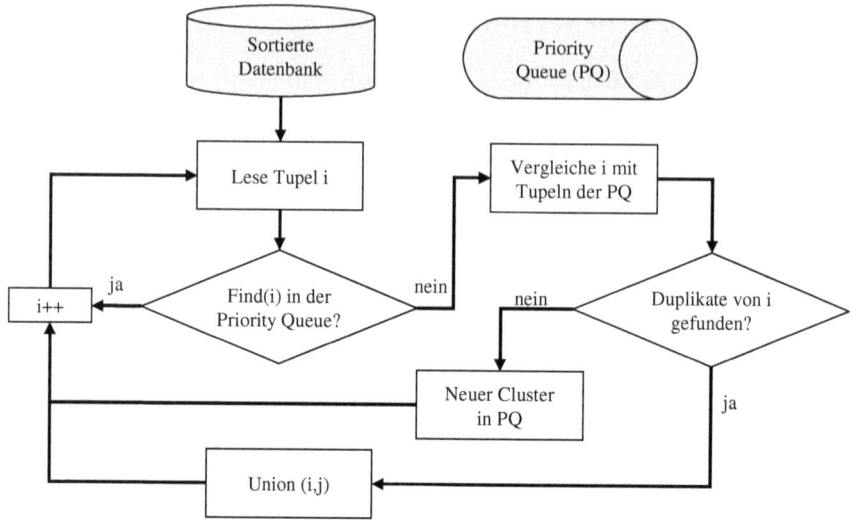

Abbildung 4.3: Ablauf der Union/Find-Methode[13]

4.4 Inkrementelle Duplikaterkennung

Eine inkrementelle Duplikaterkennung[14] ist sinnvoll, wenn bereits ein bereinigter Datenbestand existiert, in den neue Datensätze integriert werden sollen. Für jede Duplikatgruppe wird ein Repräsentant ausgewählt. Für die Auswahl des Repräsentanten existieren verschiedene Strategien, z.b. kann der vollständigste, der zuletzt eingefügte oder ein beliebiger Datensatz gewählt werden. Die Sorted-Neighborhood-Methode läuft dann über die Menge der Repräsentanten und die neuen Datensätze. Anschließend muss wieder die transitive Hülle gebildet werden. Hierbei kann es vorkommen, dass Duplikatgruppen zusammen gefasst werden können, wenn ein neuer Datensatz das Duplikat mehrerer Repräsentanten ist. Für jedes weitere inkrementelle Einfügen von Datensätzen können wieder neue Repräsentanten ausgewählt werden.

---

[13]Quelle: in Anlehnung an [24], S. 24
[14]vgl. hierzu und zum Folgenden [5] S. 115 f. und [19], S. 343

5 Vergleich Blocking- und Sorted-Neighborhood-Methode

In den vorherigen beiden Kapiteln wurden zwei Partitionierungsstrategien zur effizienten Duplikaterkennung beschrieben. In diesem Abschnitt erfolgt ein Vergleich dieser beiden Verfahren. Neben einer theoretischen Betrachtung wird mit Hilfe von Testdatensätzen ein praktischer Vergleich beider Verfahren durchgeführt.

5.1 Theoretischer Vergleich

Im Rahmen des theoretischen Vergleichs werden einerseits die Ansätze und Komplexitäten beider Verfahren verglichen, andererseits wird auch dargestellt, wie sich Blocking und Sorted-Neighborhood-Methode aneinander angleichen lassen.

Vergleich der Ansätze

Blocking verwendet disjunkte Tupelmengen als Blöcke. Jedes Tupel ist hierdurch genau einem Block zugeordnet. Es gibt keine Überlappung zwischen den Blöcken. Die Sorted-Neighborhood-Methode dagegen verwendet bei einer fixen Fenstergröße eine maximale Überlappung zweier benachbarter Fenster[1]. Diese unterscheiden sich jeweils nur durch ein einziges Element. Die Sprungweite entspricht bei der Sorted-Neighborhood-Methode also 1 und beim Blocking der Blockgröße.

Sei U_{P_1,P_2} die Überlappung zwischen zwei aufeinanderfolgenden Partitionen[2] P_1 und P_2, sowie w die Fenstergröße der Sorted-Neighborhood-Methode. Dann gilt:

$$U_{P_1,P_2} = P_1 \cap P_2$$
mit $|U_{P_1,P_2}| = 0$ für Blocking
und $|U_{P_1,P_2}| = w - 1$ für die Sorted-Neighborhood-Methode

---

[1] Streng genommen ist die Überlappung bei zwei identischen Fenstern maximal. Dieser Fall ist jedoch nicht relevant, da bei identischen Fenstern keine neuen Tupel in den Vergleich einbezogen werden.
[2] Eine Partition ist eine Teilmenge der Datensätze. Beim Blocking entspricht eine Partition einem Block, bei der Sorted-Neighborhood-Methode einem Fenster.

In Kapitel 3 wurden alternative Blocking-Methoden vorgestellt. Im Folgenden wird zur Vereinfachung davon ausgegangen, dass das Blocking durch eine Sortierung und nicht durch Hashing realisiert ist und jeder Block die gleiche Anzahl an Elementen enthält. Der Blockingschlüssel erfüllt also die Anforderung, die Datensätze möglichst gleichmäßig auf die Blöcke zu verteilen. In der Praxis wird dies nicht immer möglich sein.

In Abbildung 5.1 sind die beiden Ansätze noch einmal dargestellt. Bei einer Block- bzw. Fenstergröße von 3 werden 7 Fenster (F_1 bis F_7) für die Sorted-Neighborhood-Methode bzw. drei Blöcke (B_1 bis B_3) für die Blocking-Methode verwendet.

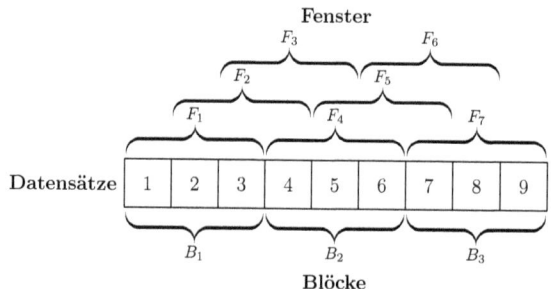

Abbildung 5.1: Ansätze der Blocking- und Windowing-Verfahren

Die Duplikaterkennung findet bei beiden Verfahren paarweise für alle Tupel innerhalb eines Blocks bzw. Fensters statt. Hierbei sind die Mengen der miteinander verglichenen Tupelpaare beider Verfahren jedoch nicht identisch. Dies soll im Folgenden anhand eines Beispiels in Abbildung 5.2 dargestellt werden. Gegeben seien 20 Tupel, die anhand eines Sortierschlüssels in eine Reihenfolge gebracht sind. Bei beiden Verfahren werden Tupel nicht mit sich selber verglichen. Die Sorted-Neighborhood-Methode ist durch grau gefärbte Kästchen für eine Fenstergröße $w = 3$ dargestellt. Das Blocking wird durch eine dicke Einrahmung der Blöcke mit jeweils 5 Tupeln dargestellt.

Sei F_i die Menge der Tupelvergleiche eines Fensters, dann ist die Gesamtmenge der Tupelvergleiche in diesem Beispiel $F = F_1 \cup F_2 \cup F_3 \cup ... \cup F_{18}$. Analog ist B_i die Menge der Tupelvergleiche eines Blocks und für die Gesamtmenge der Tupelvergleiche gilt $B = B_1 \cup B_2 \cup B_3 \cup B_4$. In Tabelle 5.1 sind die Tupelvergleiche der einzelnen Fenster bzw. Blöcke dargestellt. Dabei ist $|F| = 37$ und $|B| = 40$.

Bildet man die Differenz der Mengen B und F, so ergeben sich die Tupelvergleiche, die nur durch ein Verfahren abgedeckt werden. Für das oben beschrie-

5.1 Theoretischer Vergleich

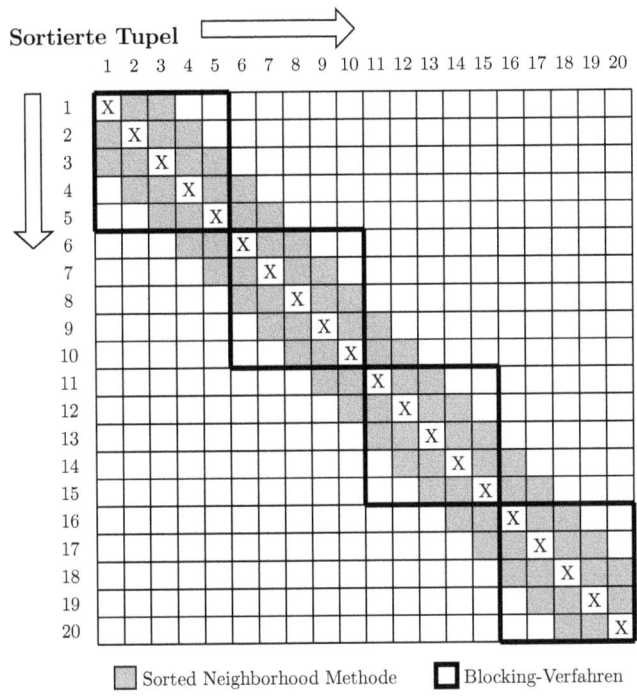

Abbildung 5.2: Vergleich Blocking- und Sorted-Neighborhood-Methode

bene Beispiel gilt $|F \setminus B| = 9$ und $|B \setminus F| = 12$. Betrachtet man die nur durch die Sorted-Neighborhood-Methode zusätzlich durchgeführten Tupelvergleiche, so wird deutlich, dass diese an den Kanten der Blöcke liegen. Der Bereich des Übergangs zwischen zwei Blöcken wird also durch die Sorted-Neighborhood-Methode besser abgedeckt. Hierdurch wird offensichtlich, dass der Blockingschlüssel eine korrekte Abgrenzung zwischen den Blöcken erreichen muss, um nicht Duplikate zu übersehen.

Das Blocking-Verfahren demgegenüber erreicht eine bessere Abdeckung bei Elementen am Rand der Blöcke. Beim Blocking sind die Partitionen (Blöcke) größer als die Partitionen (Fenster) der Sorted-Neighborhood-Methode. So werden auch weiter auseinander liegende Elemente miteinander verglichen. Dies gilt allerdings nur für eine Richtung der Sortierreihenfolge. Während bei der Sorted-

Sorted-Neighborhood	$F_1 = \{(1;2),(1;3),(2;3)\}$ $F_{10} = \{(10;11),(10;12),(11;12)\}$ $F_2 = \{(2;3),(2;4),(3;4)\}$ $F_{11} = \{(11;12),(11;13),(12;13)\}$ $F_3 = \{(3;4),(3;5),(4;5)\}$ $F_{12} = \{(12;13),(12;14),(13;14)\}$ $F_4 = \{(4;5),(4;6),(5;6)\}$ $F_{13} = \{(13;14),(13;15),(14;15)\}$ $F_5 = \{(5;6),(5;7),(6;7)\}$ $F_{14} = \{(14;15),(14;16),(15;16)\}$ $F_6 = \{(6;7),(6;8),(7;8)\}$ $F_{15} = \{(15;16),(15;17),(16;17)\}$ $F_7 = \{(7;8),(7;9),(8;9)\}$ $F_{16} = \{(16;17),(16;18),(17;18)\}$ $F_8 = \{(8;9),(8;10),(9;10)\}$ $F_{17} = \{(17;18),(17;19),(18;19)\}$ $F_9 = \{(9;10),(9;11),(10;11)\}$ $F_{18} = \{(18;19),(18;20),(19;20)\}$

Blocking	$B_1 = \{(1;2),(1;3);(1;4),(1;5),(2;3),(2;4),(2;5),(3;4),(3;5),(4;5)\}$
	$B_2 = \{(6;7),(6;8);(6;9),(6;10),(7;8),(7;9),(7;10),(8;9),(8;10),$
	       $(9;10)\}$
	$B_3 = \{(11;12),(11;13);(11;14),(11;15),(12;13),$
	       $(12;14),(12;15),(13;14),(13;15),(14;15)\}$
	$B_4 = \{(16;17),(16;18);(16;19),(16;20),(17;18),$
	       $(17;19),(17;20),(18;19),(18;20),(19;20)\}$

Differenz	$F \setminus B = \{(4;6),(5;6),(5;7),(9;11),(10;11),(10;12),$
	       $(14;16),(15;16),(15;17)\}$
	$B \setminus F = \{(1;4),(1;5),(2;5),(6;9),(6;10),(7;10),(11;14),$
	       $(11;15),(12;15),(16;19),(16;20),(17;20)\}$

Tabelle 5.1: Übersicht der Tupelvergleiche

Neighborhood-Methode ein Tupel mit $w - 1$ vorherigen und $w - 1$ nachfolgenden Tupeln verglichen wird, sind es beim Blocking in Summe *Blockgröße* -1 Tupel.

Vergleich der Komplexität

In Tabelle 5.2 ist noch einmal die Komplexität der Algorithmen dargestellt, sowie zusätzlich die Anzahl der Tupelvergleiche der Verfahren in Abhängigkeit von Block- bzw. Fenstergröße. Der Aufwand für Schlüsselbildung und Sortierung ist für Blocking und die Sorted-Neighborhood-Methode gleich, wobei der jeweilige Aufwand für die Berechnung des Schlüssels nicht berücksichtigt ist. Bei einem vollständigen Vergleich entfallen die Schritte Schlüsselbildung und Sortierung. Der Unterschied zwischen Blocking und der Sorted-Neighborhood-Methode liegt also im Aufwand für den paarweisen Vergleich der Tupel. Blocking und der voll-

5.1 Theoretischer Vergleich

ständige Vergleich haben eine quadratische Komplexität, wohingegen diese für den Tupelvergleich der Sorted-Neighborhood-Methode linear ist.

	Blocking	**Sorted Neighborhood**	**Vollständiger Vergleich**
Anzahl Tupelvergleiche	$n\dfrac{n-b}{2b}$	$(w-1)(n-\dfrac{w}{2})$	$\dfrac{n^2-n}{2}$
Schlüsselbildung	$O(n)$	$O(n)$	entfällt
Sortierung	$O(n\log n)$	$O(n\log n)$	entfällt
Duplikaterkennung	$O(\dfrac{n^2}{2b})$	$O(wn)$	$O(\dfrac{n^2}{2})$
Gesamt-Komplexität	$O(n(\dfrac{n}{2b}+\log n))$	$O(n(w+\log n))$	$O(\dfrac{n^2}{2})$

Tabelle 5.2: Vergleich der Komplexitäten

In Abbildung 5.3 wird der unterschiedliche Aufwand für die Duplikaterkennung deutlich. Für Blocking beträgt die Anzahl der Blöcke $b = 20$ und für die Sorted-Neighborhood-Methode beträgt die Fenstergröße $w = 20$. Aus der Abbildung wird ersichtlich, dass die Sorted-Neighborhood-Methode für große Mengen von Datensätzen den geringsten Aufwand beim Tupelvergleich erzeugt. Der Aufwand für das Blocking entspricht nur bei kleinen Block-Größen in etwa dem der Sorted-Neighborhood-Methode.

Für das Blocking und die Sorted-Neighborhood-Methode stellt sich die Frage, wie die Blockanzahl b bzw. die Fenstergröße w gewählt werden müssen, damit beide Verfahren den gleichen Aufwand erfordern. Für diesen Fall gilt:

$$n(\frac{n-b}{2b}) = (w-1)(n-\frac{w}{2}) \Leftrightarrow b = \frac{n^2}{2wn-n-w^2+w}$$

Für das Beispiel aus Abbildung 5.2 mit $n = 20$ und $w = 3$ bedeutet dies:

$$b = \frac{20^2}{2*3*20-20-3^2+3} = \frac{400}{94} \approx 4,26$$

D.h. für 4,26 Blöcke mit gleicher Blockgröße würde die gleiche Anzahl an Tupelvergleichen wie bei der Sorted-Neighborhood-Methode durchgeführt.

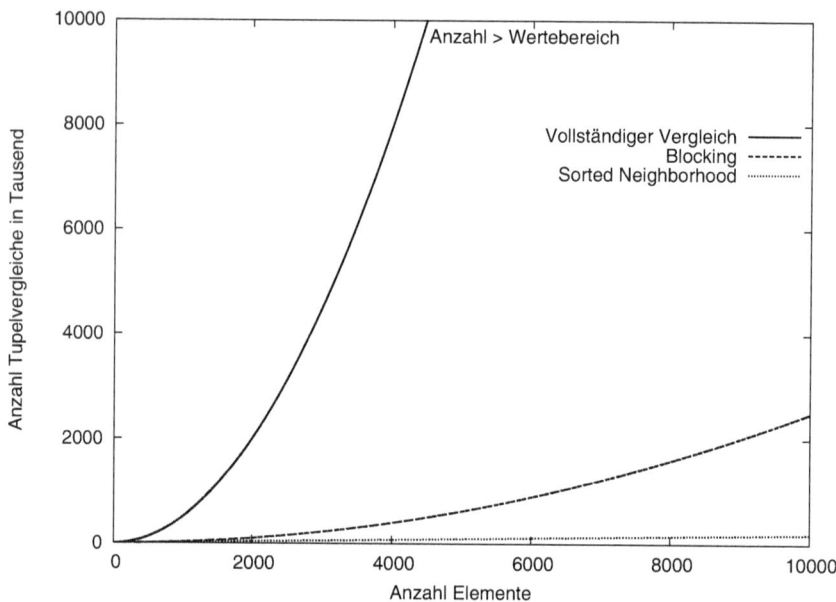

Abbildung 5.3: Vergleich des Aufwands der Duplikaterkennung

Abbildung 5.4 zeigt die Entwicklung der Blockanzahl bei steigender Fenstergröße und gleicher Anzahl an Tupelvergleichen für Blocking und Sorted-Neighborhood-Methode. Die Graphen basieren auf verschiedenen Größen der Gesamtdatenmenge. Im rechten Teil der Abbildung ist ein Ausschnitt der linken Gesamtansicht dargestellt, um den Kurvenverlauf im Bereich der größeren Fenster besser zu erkennen. Bei einer Fenstergröße von 1 entspricht die Anzahl der Blöcke der Gesamtanzahl der Tupel. Mit steigender Fenstergröße nimmt die Blockanzahl zunächst stark ab, anschließend flacht die Kurve jedoch ab. Bei einem Fenster in Größe der Gesamtdatenmenge ist die Blockanzahl 1.

Bei der bisherigen Betrachtung des Aufwands für die Tupelvergleiche wurde nur die Anzahl der Vergleiche herangezogen. Die Kosten für die Berechnung der Ähnlichkeitsfunktion sind nicht relevant, da sie bei allen drei Verfahren gleich sind. In Kapitel 4.1 wurde bereits erwähnt, dass die Kosten für die Festplattenzugriffe vermutlich die dominierenden sein werden. Für den Schritt des Tupelvergleichs wurde bisher davon ausgegangen, dass sich alle Tupel im Hauptspeicher befinden. Bei einer großen Anzahl von Tupeln wird dies jedoch nicht immer möglich sein.

5.1 Theoretischer Vergleich 47

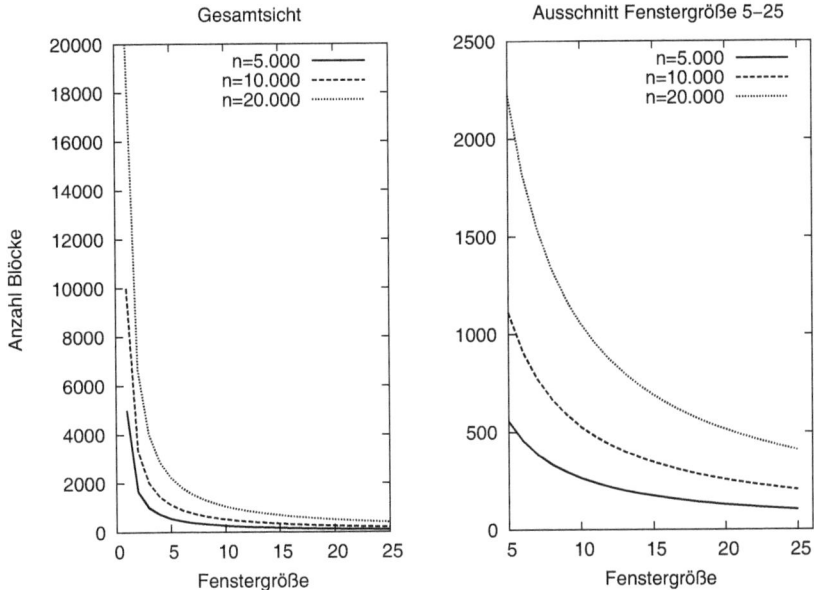

Abbildung 5.4: Entwicklung der Blockanzahl

Sei $n = 10.000.000$, mit jeweils 15 Attributen pro Tupel und einer durchschnittlichen Größe von 20 Byte pro Attribut[3]. Um alle Tupel bei einem vollständigen Tupelvergleich im Hauptspeicher vorzuhalten, benötigt man also:

$$10.000.000 * 15 * 20\, Byte \approx 2,79\, GB.$$

Bei der Sorted-Neighborhood-Methode reicht ein Speicherbereich in der Größe eines Fensters, da aus dem Fenster entfernte Elemente nicht mehr für weitere Vergleiche benötigt werden. Der benötigte Hauptspeicher, um alle Elemente eines Fensters vorzuhalten, ist also das Produkt aus Fenstergröße und Speicherplatz pro Tupel. Für $w = 20$ sind dies im genannten Beispiel $\approx 5,86$ KB. Beim Blocking hängt der Hauptspeicherbedarf von der Anzahl der Blöcke ab. Bei Blöcken gleicher Größe enthält jeder Block $\frac{n}{b}$ Elemente, was für $b = 20$ einen benötigten Speicherplatzbedarf von $\approx 143,05$ MB ergibt.

Steht der berechnete Hauptspeicher nicht zur Verfügung, so sind Tupel einer

---

[3]Der Speicherplatzbedarf eines Attributs ist abhängig vom Datentyp, dem verwendeten Zeichensatz und den enthaltenen Daten.

Partition während des paarweisen Vergleichs zwischenzeitlich auf die Festplatte auszulagern und später für weitere Vergleiche wieder einzulesen. Dies verursacht einen hohen Aufwand. Daher ist bei einem Vergleich von Partitionierungsverfahren auch der benötigte Hauptspeicher zu berücksichtigen. Die Sorted-Neighborhood-Methode hat hierbei aufgrund der konstanten Fenstergröße nur einen geringen Bedarf. Blocking erreicht einen niedrigen Speicherbedarf, wenn bei großen Datenmengen die Anzahl der Blöcke entsprechend groß gewählt wird.

Angleichung der Verfahren

Wie bereits dargestellt, werden bei Blocking und Sorted-Neighborhood-Methode unterschiedliche Tupelpaare miteinander verglichen, was zu unterschiedlichen Ergebnissen führt. Beide Verfahren lassen sich jedoch aneinander angleichen, d.h. ein Verfahren führt mindestens die gleichen Tupelvergleiche wie das andere Verfahren aus. Für die Sorted-Neighborhood-Methode bedeutet dies, dass die Fenstergröße w erhöht wird. Dies führt jedoch dazu, dass die Anzahl der Tupelvergleiche ebenfalls steigt. Die Veränderung der Effizienz der Sorted-Neighborhood-Methode hängt dann davon ab, wieviel echte Duplikate der Realwelt durch die Vergrößerung des Fensters zusätzlich gefunden werden. Im Allgemeinen ist jedoch mit einer Reduktion der Effizienz zu rechnen, da der Abstand der zusätzlich in einem vergrößerten Fenster verglichenen Elemente sich innerhalb der sortierten Liste erhöht und daher Duplikate unwahrscheinlicher werden.

Eine Angleichung des Blocking-Verfahrens an die Sorted-Neighborhood-Methode kann dagegen nicht über eine Vergrößerung der Blöcke erfolgen. Wie bereits angesprochen, sind die Übergänge zwischen den Blöcken kritisch, da hier benachbarte Elemente im Gegensatz zur Sorted-Neighborhood-Methode nicht miteinander verglichen werden. Dieses Problem bleibt jedoch, wenn die Blockgröße erhöht wird. Daher erfolgt eine Angleichung durch eine Überlappung der Blöcke, wodurch die einzelnen Blöcke nicht mehr disjunkt sind. Die Größe der Überlappung definiert dabei einerseits die zusätzlichen Tupel-Vergleiche, anderseits den Grad der Angleichung an die Sorted-Neighborhood-Methode. Sei wie bisher n die Anzahl der Tupel, b die Anzahl der Blöcke und $\frac{n}{b}$ die Anzahl der Tupel pro Block. Dann liegt die Überlappung der Blöcke zwischen 1 und $\frac{n}{b} - 1$, wobei eine Überlappung von $\frac{n}{b} - 1$ der Sorted-Neighborhood-Methode entspricht.

Die Anpassung der beiden Verfahren ist noch einmal in Abbildung 5.5 dargestellt.

5.1 Theoretischer Vergleich

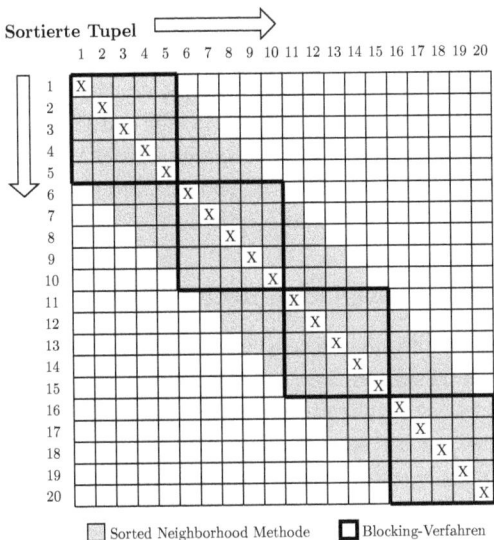

(a) Vergrößerung des Sorted-Neighborhood-Fensters

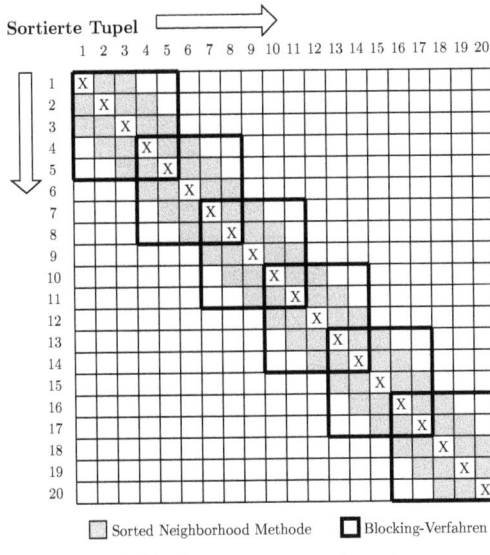

(b) Überlappung der Blockelemente

Abbildung 5.5: Angleichung von Blocking- und Sorted-Neighborhood-Methode

5.2 Praktischer Vergleich

In diesem Abschnitt wird ein praktischer Vergleich zwischen Sorted-Neighborhood-Methode und Blocking durchgeführt. Hierfür wurden die Basisalgorithmen, d.h. ohne multi-pass oder sonstige Erweiterungen, beider Verfahren implementiert. Für ausgewählte Testdaten kann so die Effektivität und Effizienz beider Verfahren untersucht und miteinander verglichen werden.

5.2.1 Beschreibung Vergleichsdurchführung

Der Ablauf der Vergleichsdurchführung ist in Abbildung 5.6 dargestellt. In einer Datenbank liegen die Testdatensätze, sowie eine Zuordnung, welche Tupel Duplikate sind. Die Tupel werden anhand eines Schlüssels für die Sorted-Neighborhood-Methode sortiert bzw. in Blöcke aufgeteilt. Anschließend erfolgt die Duplikaterkennung innerhalb der einzelnen Partitionen und es wird die transitive Hülle gebildet. Die so gefundenen Duplikate werden wiederum in einer Datenbank gespeichert. Abschließend erfolgt ein Vergleich zwischen echten und gefundenen Duplikaten. Jedes gefundene Duplikat wird als *true-positive* oder *false-positive* klassifiziert[4]. Weiterhin erfolgt eine Berechnung der *false-negative*, der *Precision*, dem *Recall* und des *F-measure*.

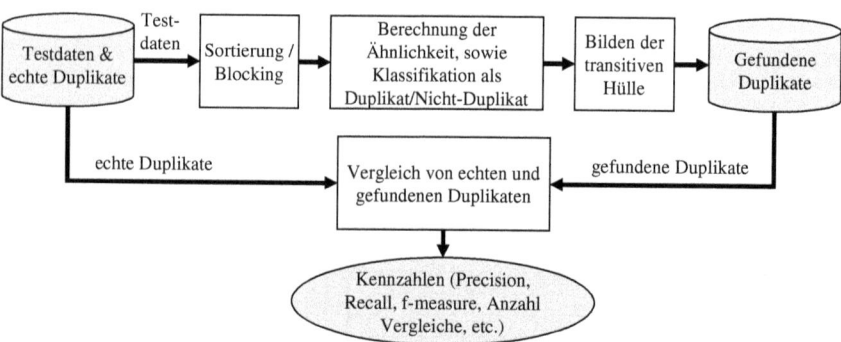

Abbildung 5.6: Ablauf praktischer Vergleich Blocking und Sorted-Neighborhood

---

[4] vgl. hierzu und zum Folgenden Abschnitt 2.5

5.2 Praktischer Vergleich

Für die Vergleichbarkeit der Ergebnisse werden folgende Annahmen getroffen:

- Es erfolgen mehrere Durchläufe beider Verfahren mit unterschiedlichen Block- bzw. Fenstergrößen. Die Block- bzw. Fenstergröße wird so gewählt, dass beide Verfahren in einem Durchlauf ungefähr die gleiche Anzahl an Tupelvergleichen ausführen.

- Für den Vergleich zweier Tupel verwenden beide Verfahren dieselbe Ähnlichkeitsfunktion und denselben Schwellwert.

- Die Schlüssel für beide Verfahren müssen die gleichen Attribute in der gleichen Reihenfolge enthalten. Hierdurch wird verhindert, dass ein Verfahren nur aufgrund des geeigneteren Schlüssels die besseren Ergebnisse liefert. Für den Vergleich bedeutet dies, dass der Blocking-Schlüssel ein Präfix des Sortierschlüssels der Sorted-Neighborhood-Methode ist.

- Beim Blocking sollen die Partitionen in etwa gleich groß sein, d.h. der Blocking-Schlüssel soll eine annähernde Gleichverteilung erreichen. Aufgrund der geringen Anzahl an Datensätzen ließ sich kein geeigneter Schlüssel finden. Daher werden die Tupel anhand des Sortierschlüssels der Sorted-Neighborhood-Methode sortiert und anschließend in Blöcke gleicher Größe geschnitten. Die Anzahl der Blöcke und damit auch die Anzahl der Elemente pro Block werden in Abhängigkeit der jeweiligen Fenstergröße berechnet. In Tabelle 5.3 sind Block- und Fenstergrößen dargestellt, die zu einer ungefähr gleichen Anzahl von Tupelvergleichen führen.

Fenstergröße	2	3	4	5	6	7	8	9	10	11
Blockanzahl	3255	1953	1395	1085	888	751	651	575	514	465
Elemente/Block	3	5	7	9	11	13	15	17	19	21
Fenstergröße	12	13	14	15	16	17	18	19	20	
Blockanzahl	425	391	362	337	315	296	279	264	251	
Elemente/Block	23	25	27	29	31	33	35	37	39	

Tabelle 5.3: Übersicht der Fenster- und Blockgrößen[5]

Neben den Durchläufen für Blocking und die Sorted-Neighborhood-Methode wird auch ein vollständiger Vergleich der Tupel durchgeführt. Hierdurch können die Auswirkungen der Partitionierung untersucht werden.

---
[5]Die berechnete Anzahl der Blöcke bezieht sich auf 9763 Testdatensätze.

5.2.2 Beschreibung Testdatensätze, Sortierschlüssel und Ähnlichkeitsfunktion

Als Testdaten werden 9.763 Tupel mit Informationen über CDs verwendet, die stichprobenhaft aus freeDB[6] extrahiert wurden. Zusätzlich steht eine Liste der echten Duplikate zur Verfügung (insgesamt 298). Die Attribute der CDs sind auszugsweise in Tabelle 5.4 beschrieben. Die Titel der Lieder gehen bis Lied 99, jedoch ist der Füllgrad ab Lied 16 unter 5% bzw. ab Lied 31 unter 1%. Die vollständige Attribut-Liste befindet sich im Anhang.

Sortierschlüssel

Der Sortierschlüssel wird aus den Attributen „artist1", „title1" und „track01" gebildet. Es werden jeweils die ersten drei Buchstaben der Attribute konkateniert, wobei zuvor aus den Attributen die Leerzeichen entfernt und alle Buchstaben in Großbuchstaben umgewandelt werden. Die Sortierung erfolgt dann alphabetisch in aufsteigender Reihenfolge.

Ähnlichkeitsfunktion

Für die Berechnung der Ähnlichkeit zweier Tupel werden wiederum die Attribute „artist1", „title1" und „track01" ohne Leerzeichen in Großbuchstaben herangezogen. Seien t_1 und t_2 zwei Tupel, dann kann ihre Ähnlichkeit mit folgender Funktion berechnet werden:

$$f(t_1,t_2) = \frac{u(t_1.Artist1, t_2.Artist1) + u(t_1.Title1, t_2.Title1) + u(t_1.Track01, t_2.Track01)}{3}$$

mit:

$$u(x,y) = \begin{cases} = 1, \text{ wenn } x=\textit{TeilStringVon}(y) \text{ oder } y=\textit{TeilStringVon}(x) \\ = \text{Schwellwert, wenn } \textit{IsNull}(x) \text{ oder } \textit{IsNull}(y) \\ = 1 - \dfrac{edit\_distance(x,y)}{max\{|x|,|y|\}} \text{ ansonsten} \end{cases}$$

Die Ähnlichkeitsfunktion gewichtet die drei Attribute gleich. Für jedes der Attribute wird die Ähnlichkeit bestimmt und anschließend der Mittelwert gebildet.

Das Ergebnis der Ähnlichkeitsfunktion wird gegen einen Schwellwert verglichen. Ist die Ähnlichkeitsfunktion größer oder gleich dem Schwellwert, so werden die beiden Tupel t_1 und t_2 als Duplikat klassifiziert.

---

[6] freeDB ist eine freie Datenbank mit Informationen über den Inhalt von Audio-CDs (URL: http://www.freedb.org).

5.2 Praktischer Vergleich

Attribut	Datentyp	Feldlänge	Füllgrad	Beschreibung
id	integer	-	100.00 %	Künstlicher Primärschlüssel
cid	varchar	80	100.00 %	Berechneter CD-Identifizierer (kein Schlüsselfeld)
artist1	varchar	112	100.00 %	Interpret
artist2	varchar	60	2.14 %	Interpret 2
artist3	varchar	10	0.02 %	Interpret 3
title1	varchar	117	99.89 %	Titel der CD
title2	varchar	60	2.14 %	Titel der CD 2
title3	varchar	10	0.02 %	Titel der CD 3
category	varchar	10	100.00 %	Kategorie (11 vorgegebene)
genre	varchar	49	65.24 %	Genre (frei wählbar)
cdextra	varchar	249	33.35 %	Name zusätzlicher Datenspur
year	varchar	4	53.46 %	Erscheinungsjahr
track01	varchar	110	100.00 %	Name Lied 1
track02	varchar	118	99.92 %	Name Lied 2
track03	varchar	136	99.91 %	Name Lied 3
track04	varchar	156	99.91 %	Name Lied 4
track05	varchar	159	99.90 %	Name Lied 5
track06	varchar	165	99.90 %	Name Lied 6
track07	varchar	118	99.90 %	Name Lied 7
track08	varchar	126	99.89 %	Name Lied 8
track09	varchar	118	99.89 %	Name Lied 9
track10	varchar	113	99.89 %	Name Lied 10
track11	varchar	159	98.11 %	Name Lied 11
track12	varchar	116	85.32 %	Name Lied 12
track13	varchar	95	44.63 %	Name Lied 13
track14	varchar	104	19.66 %	Name Lied 14
track15	varchar	97	6.78 %	Name Lied 15

Tabelle 5.4: Testdatensätze

5.2.3 Ergebnis Vergleichsdurchführung

Die Duplikaterkennung wurde für verschiedene Schwellwerte durchgeführt. Als Schwellwert hat sich 0,78 als effektiv für die Klassifikation erwiesen. Bei diesem erreichen Blocking, Sorted-Neighborhood-Methode und vollständiger Vergleich im Vergleich zu anderen Schwellwerten jeweils gute Ergebnisse. Es wird somit kein Verfahren benachteiligt, indem ein für das Verfahren ungünstiger Schwellwert verwendet wird. Die Ergebnisse von Blocking und der Sorted-Neighborhood-Methode sind in Tabelle 5.5 und die des vollständigen Vergleichs in Tabelle 5.6 dargestellt. Die Paare der Partitionsgrößen ergeben sich aus Tabelle 5.3. Beim vollständigen Vergleich ist noch zu unterscheiden, ob ebenfalls die transitive Hülle gebildet wird oder nicht. Dies ist nicht unbedingt notwendig, da bereits alle Tupel paarweise miteinander verglichen wurden und somit alle Duplikate erkannt sein sollten. Aufgrund der Unschärfe der Ähnlichkeitsfunktion werden jedoch auch Tupel fehlerhaft als Duplikate klassifiziert (false-positive). Durch Bilden der transitiven Hülle verstärkt sich dieser Effekt, da fehlerhaft klassifizierte Duplikate durch die Transitivität weitere Tupel fälschlicherweise als Duplikate klassifizieren.

Die Interpretation des Ergebnisses der Vergleichsdurchführung erfolgt anhand der in Kapitel 2.5 vorgestellten Kennzahlen.

5.2 Praktischer Vergleich

Partitionsgröße		Precision		Recall		F-Measure	
SNM	Blocking	SNM	Blocking	SNM	Blocking	SNM	Blocking
2	3	0,9469	0.9597	0,7785	0.4799	0.8545	0.6398
3	5	0,9400	0.9368	0,7886	0.5973	0.8577	0.7295
4	7	0,9400	0.9412	0,7886	0.6980	0.8577	0.8015
5	9	0,9402	0.9524	0,7919	0.6711	0.8597	0.7874
6	11	0,9407	0.9459	0,7987	0.7047	0.8639	0.8077
7	13	0,9375	0.9378	0,8054	0.7081	0.8664	0.8069
8	15	0,9375	0.9433	0,8054	0.7819	0.8664	0.8550
9	17	0,9375	0.9399	0,8054	0.7349	0.8664	0.8249
10	19	0,9380	0.9364	0,8121	0.7416	0.8705	0.8277
11	21	0,9380	0.9407	0,8121	0.7987	0.8705	0.8639
12	23	0,9380	0.9402	0,8121	0.7383	0.8705	0.8271
13	25	0,9380	0.9262	0,8121	0.7584	0.8705	0.8339
14	27	0,9380	0.9385	0,8121	0.7685	0.8705	0.8450
15	29	0,9380	0.9274	0,8121	0.7718	0.8705	0.8425
16	31	0,9346	0.9375	0,8154	0.8054	0.8710	0.8664
17	33	0,9313	0.9283	0,8188	0.7819	0.8714	0.8488
18	35	0,9313	0.9294	0,8188	0.7953	0.8714	0.8571
19	37	0,9278	0.9258	0,8188	0.7953	0.8699	0.8556
20	39	0,9278	0.9328	0,8188	0.7919	0.8699	0.8566

Tabelle 5.5: Ergebnis Vergleichsdurchführung

	Precision	Recall	F-Measure
Vollständiger Vergleich mit transitiver Hülle	0.8000	0.8725	0.8347
Vollständiger Vergleich ohne transitive Hülle	0.8638	0.8725	0.8681

Tabelle 5.6: Ergebnis Vollständiger Vergleich

Precision und Recall
Precision und Recall sind in Abbildung 5.7 graphisch dargestellt. Die Precision entspricht für Blocking dem Niveau der Sorted-Neighborhood-Methode. Beim Blocking sind jedoch die Ausschläge nach oben und unten stärker, was auf die strikte Trennung der Blöcke zurückzuführen ist. Durch die Vergrößerung der Blöcke ist es möglich, dass Duplikate, die bei kleinen Blöcken in einem Block lagen durch die Block-Vergrößerung auf verschiedene Blöcke aufgeteilt und somit nicht mehr erkannt werden.

Zusätzlich zu den beiden Partitionierungsverfahren enthält die Abbildung auch die Precision des vollständigen Tupelvergleichs[7]. Diese ist deutlich geringer als die Precision von Blocking und Sorted-Neighborhood. Dies liegt daran, dass auch in der Sortierreihenfolge weit entfernte Tupel miteinander verglichen werden und durch die Toleranz der Ähnlichkeitsfunktion ggf. falsch klassifiziert werden. Wie bereits angesprochen, verstärkt sich der Effekt noch, wenn zusätzlich die transitive Hülle gebildet wird.

Bei der Betrachtung der Vollständigkeit der Duplikaterkennung anhand des Recalls, kann der Wert des vollständigen Vergleichs als obere Schranke betrachtet werden. Eine Unterscheidung, ob die transitive Hülle gebildet wurde oder nicht, ist nicht notwendig, da keine zusätzlichen echte Duplikate erkannt wurden und fehlerhaft klassifizierte Duplikate den Recall nicht beeinflussen. Der Recall für die Sorted-Neighborhood-Methode liegt durchgehend auf einem hohen Niveau. Dies liegt daran, dass in den Testdaten bei dem beschriebenen Sortierschlüssel bei 70% der echten Duplikate die Tupel direkt nebeneinander liegen und zwischen weiteren 10% der echten Duplikate die Tupel nur durch ein einziges Tupel getrennt sind. Daher fallen auch bei kleinen Fenstergrößen über 80% der Duplikaten-Paare in ein gemeinsames Fenster. Der Anstieg der Kurve bei der Sorted-Neighborhood-Methode nimmt mit zunehmender Fenstergröße jedoch ab, da eine Sättigung erreicht wurde.

Deutlicher fällt der Effekt beim Blocking aus. Hier ist der Recall bei wenigen Tupelvergleichen relativ niedrig und steigt zunächst stark an. Mit zunehmender Anzahl von Vergleichen flacht der Anstieg der Kurve jedoch ebenfalls ab. Die Sprünge innerhalb der Kurve sind wie bei der Precision durch eine Verschiebung von Duplikaten in unterschiedliche Blöcke zu erklären.

---

[7] Der vollständige Vergleich beinhaltet ca. 47,6 Mio Tupel-Vergleiche. In den Abbildungen 5.7 und 5.8 sind die Kennzahlen des vollständigen Vergleichs jeweils als Hilfslinie dargestellt.

5.2 Praktischer Vergleich

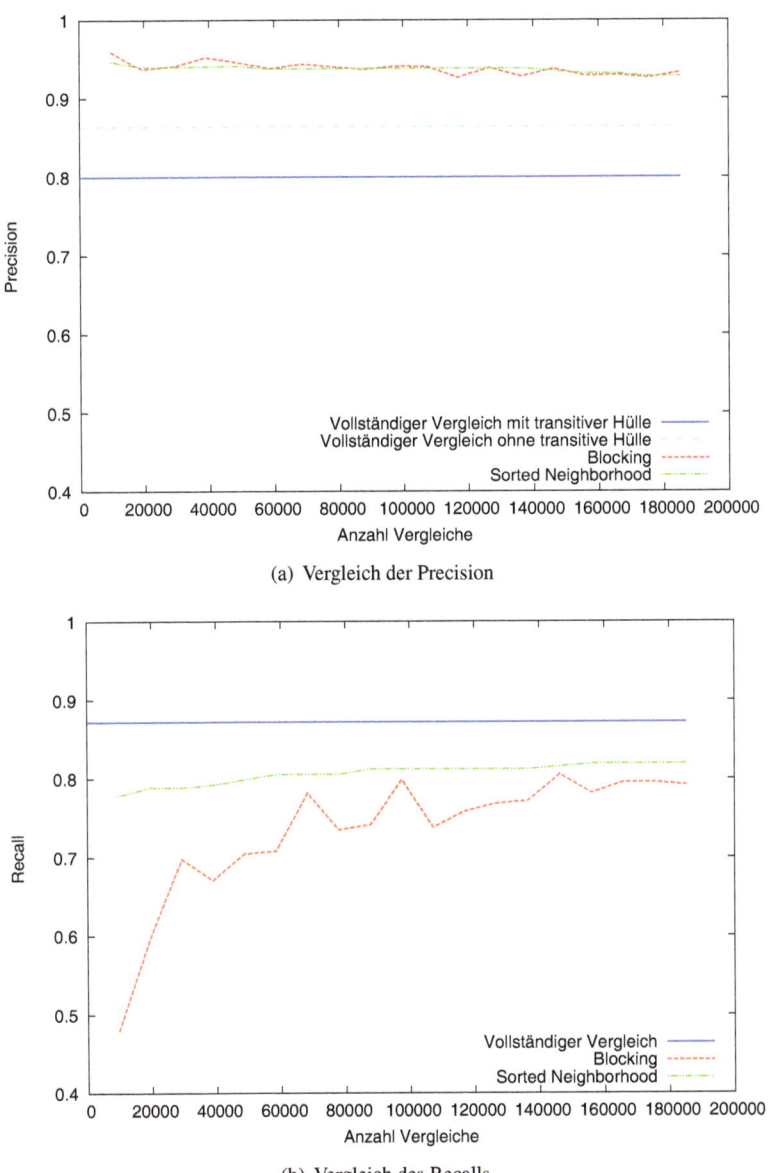

(a) Vergleich der Precision

(b) Vergleich des Recalls

Abbildung 5.7: Vergleich von Precision und Recall

F-Measure

Aus Precision und Recall lässt sich das F-Measure ableiten, welches das harmonische Mittel aus Precision und Recall darstellt und in Abbildung 5.8 dargestellt ist. Hierbei fällt auf, dass der Wert der Sorted-Neighborhood-Methode nur geringfügig unter dem des vollständigen Vergleichs liegt. Durch Vergrößerung der Fenstergröße gleichen sich beide Verfahren weiter an, bis der F-Measure sogar geringfügig über dem des vollständigen Vergleichs liegt.

Beim Blocking ist der Effekt der Annäherung an den vollständigen Vergleich ebenfalls zu beobachten. Hier sind jedoch weitaus mehr Tupelvergleiche für die Annäherung notwendig als bei der Sorted-Neighborhood-Methode. Insbesondere bei kleinen Partitionsgrößen liegt der Wert des Blockings deutlich unter dem der Sorted-Neighborhood-Methode und des vollständigen Vergleichs. Dies liegt an dem zunächst sehr geringen Recall des Blockings.

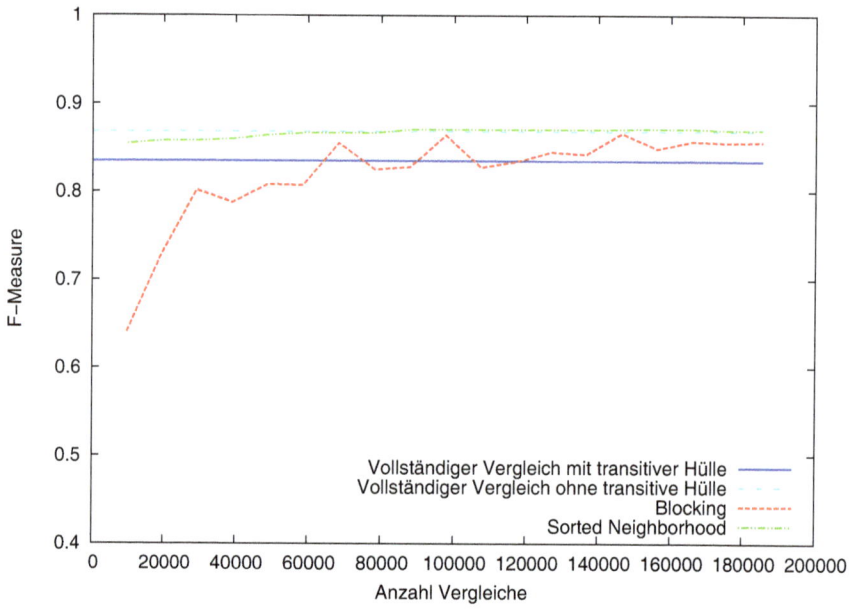

Abbildung 5.8: Vergleich des F-Measure

5.3 Zusammenfassung für die Entwicklung eines verallgemeinerten Verfahrens

Dieser Abschnitt soll noch einmal die Ergebnisse des Vergleichs zwischen Blocking und Sorted-Neighborhood-Methode im Hinblick auf die Entwicklung eines verallgemeinerten Verfahrens zusammen fassen. Im ersten Teil des Kapitels wurden beide Partitionierungsstrategien theoretisch unter verschiedenen Aspekten miteinander verglichen. Relevante Ergebnisse sind:

1. **Verglichene Tupelpaare**
   Die Stärke der Sorted-Neighborhood-Methode liegt in den Übergängen zwischen einzelnen Partitionen. Durch die große Überlappung zwischen den Partitionen ist eine scharfe Abgrenzung nicht von großer Bedeutung. Es werden allerdings wenige Tupel gefunden, die in der Sortierreihenfolge weiter voneinander entfernt sind, da die Fenstergröße sehr beschränkt ist.
   Blocking demgegenüber erfasst auch weiter entfernte Tupel. Kritisch sind jedoch die Übergänge zwischen den Blöcken, denn hier ist eine korrekte Abgrenzung der Tupel durch den Blocking-Schlüssel notwendig.

2. **Vergleich des Hauptspeicherbedarfs**
   Die Sorted-Neighborhood-Methode hat einen sehr geringen Hauptspeicherbedarf aufgrund des kleinen Fensters. Beim Blocking ist der Bedarf aufgrund der höheren Anzahl an Tupeln pro Partition größer. Die Berücksichtigung des Hauptspeicherbedarfs ist notwendig, da Festplattenzugriffe die dominierenden Kosten darstellen und daher möglichst zu vermeiden sind.

3. **Angleichung der Verfahren**
   Eine Angleichung beider Verfahren erfolgt bei der Sorted-Neighborhood-Methode durch Vergrößerung des Fensters. Beim Blocking erfolgt dies durch eine Überlagerung der Blöcke.

Im zweiten Teil des Kapitels wurden Blocking und Sorted-Neighborhood-Methode mit Hilfe von Testdaten verglichen. Hierbei bestätigte sich, dass insbesondere die Übergänge zwischen den Partitionen kritisch sind. Die Sorted-Neighborhood-Methode erreicht schon bei kleinen Fenstergrößen sehr gute Ergebnisse beim Recall, die schon an den vollständigen Vergleich heranreichen.

Beim Blocking sind hierfür deutlich größere Partitionen und damit Tupelvergleiche notwendig. Bei kleinen Partitionsgrößen zeigt der Verlauf der Recall-Kurve Ausschläge nach oben und unten, die mit zunehmender Partitionsgröße jedoch abflachen. Der Grund für die Sprünge im Kurvenverlauf ist der Blockingschlüssel. Da die Tupel in Blöcke gleicher Größe geschnitten wurden, hat der Blocking-Schlüssel die Anforderung einer korrekten Abgrenzung zwischen den Blöcken nicht hinreichend erfüllt. Dies macht noch einmal die Abhängigkeit der Ergebnisse beim Blocking vom Blocking-Schlüssel deutlich.

Der Hauptspeicherbedarf wurde im Rahmen des praktischen Vergleichs nicht untersucht. Aufgrund der geringen Anzahl von Testdatensätzen und den kleinen Partitionsgrößen sind keine validen Ergebnisse zu erwarten gewesen, da die Tupel pro Partition im Hauptspeicher gehalten werden können und somit keine Auslagerung auf die Festplatte erforderlich ist. Im Hinblick auf die Entwicklung eines verallgemeinerten Verfahrens ist der Hauptspeicherbedarf jedoch auch ein zu berücksichtigendes Kriterium.

Insgesamt sind die Ergebnisse der Sorted-Neighborhood-Methode besser, als die Ergebnisse des Blockings, was insbesondere auf die bessere Abdeckung an den Partitionsgrenzen zurückzuführen ist. Im Hinblick auf die Precision erzielen beide Verfahren sogar bessere Ergebnisse als der vollständige Vergleich. Durch die Partitionierung wird erreicht, dass nur ähnliche Tupel miteinander verglichen werden und somit Unschärfen der Vergleichsfunktion nicht so stark ins Gewicht fallen.

6 Verallgemeinertes Verfahren

In diesem Abschnitt wird ein verallgemeinertes Verfahren entwickelt, welches die Vorteile von Blocking und Sorted-Neighborhood-Methode vereint.

6.1 Untersuchung der optimalen Partitionsüberschneidung

Die bisher vorgestellten Partitionierungsverfahren Blocking und Sorted-Neighborhood-Methode verwenden bzgl. der Überlagerung der Partitionen zwei Extreme. In Kapitel 5 wurde die Überlagerung zweier Partitionen P_1 und P_2 definiert als:

$$U_{P_1,P_2} = P_1 \cap P_2$$
mit $|U_{P_1,P_2}| = 0$ für Blocking
und $|U_{P_1,P_2}| = w - 1$ für die Sorted-Neighborhood-Methode

In Abbildung 6.1 sind zwei alternative Überlagerungsgrößen u dargestellt, wobei u die Anzahl der Elemente ist, die mit Tupeln der angrenzenden Partition verglichen werden. Hierbei kann u sowohl als absolute Zahl, als auch in Abhängigkeit von der Partitionsgröße $p = 8$ angegeben werden. Tupel, die in mehreren Partitionen auftreten, sind schraffiert markiert. Je größer die Überlagerung, desto mehr Partitionen werden bei einer festen Partitionsgröße benötigt und damit steigt auch die Anzahl der Tupelvergleiche.

Die optimale Überlagerungsgröße ist so zu wählen, dass ein möglichst großer Anteil der echten Duplikate innerhalb einer Sortierreihenfolge abgedeckt ist, auch wenn sie nicht in der gleichen Partition enthalten sind. Hierdurch wird sichergestellt, dass die Tupel einer Duplikatgruppe miteinander verglichen werden, unabhängig davon, ob der Partitionierungsschlüssel eine geeignete Abgrenzung zwischen den Partitionen erreicht. Im Folgenden werden noch einmal die CD-Testdaten aus Kapitel 5 betrachtet, für die sich verschiedene Sortierschlüssel definieren lassen. In Abbildung 6.2 ist dargestellt, wie groß der Abstand der echten Duplikate bei verschiedenen Sortierschlüsseln ist, wobei zwei direkt nebeneinander liegende Tupel einen Abstand von 1 haben. Analog zu Kapitel 5.2.2 wurden die Sortierschlüssel aus jeweils den ersten drei Buchstaben der drei Attribute „artist1",

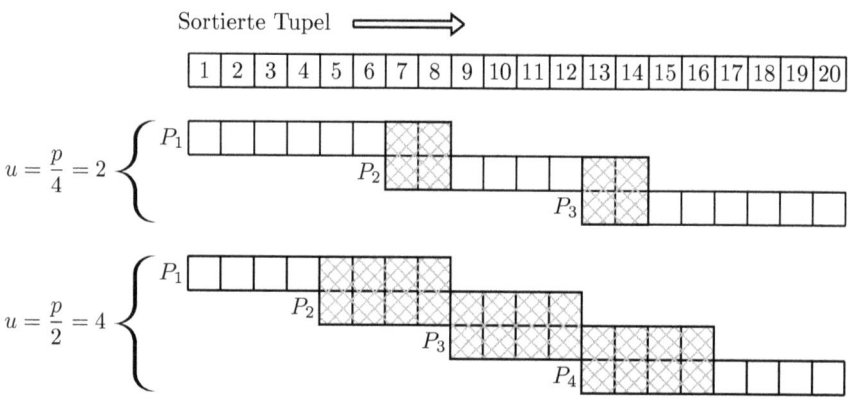

Abbildung 6.1: Überlagerungen von Partitionen

„title1" und „track01" gebildet, wobei Leerzeichen entfernt und die Buchstaben in Großbuchstaben umgewandelt sind. Die Sortierschlüssel unterscheiden sich durch die Reihenfolge, in der die Attribute konkateniert werden.

Aus Abbildung 6.2 wird ersichtlich, dass durch die Sortierung fast 80% der echten Duplikate direkt nebeneinander liegen oder nur durch 1 Tupel getrennt sind. Der verwendete Sortierschlüssel hat hierbei nur wenig Einfluss. Dies deckt sich mit den Ergebnissen der Sorted-Neighborhood-Methode in Kapitel 5.2.3, die schon bei kleinen Fenstern einen hohen Recall-Wert erreicht hat. Für die Entwicklung des neuen Verfahrens wird zunächst angenommen, dass jedes Tupel mit den 2 vorherigen und 2 nachfolgenden Tupeln in der Sortierreihenfolge verglichen werden soll, unabhängig ob diese in der gleichen oder einer benachbarten Partition liegen. Es ist auch ein größerer Wert für die Überlagerung denkbar, allerdings sinkt der Zugewinn an echten Duplikaten, die durch den Überlagerungsbereich abgedeckt sind. Zunächst wird der Wert 2 verwendet, der spezifisch für die CD-Testdaten ist und an späterer Stelle noch validiert wird. Bei anderen Datensätzen kann ein geeigneter Wert größer oder kleiner sein. Dies ist jeweils durch eine Untersuchung von Stichproben zu bestimmen.

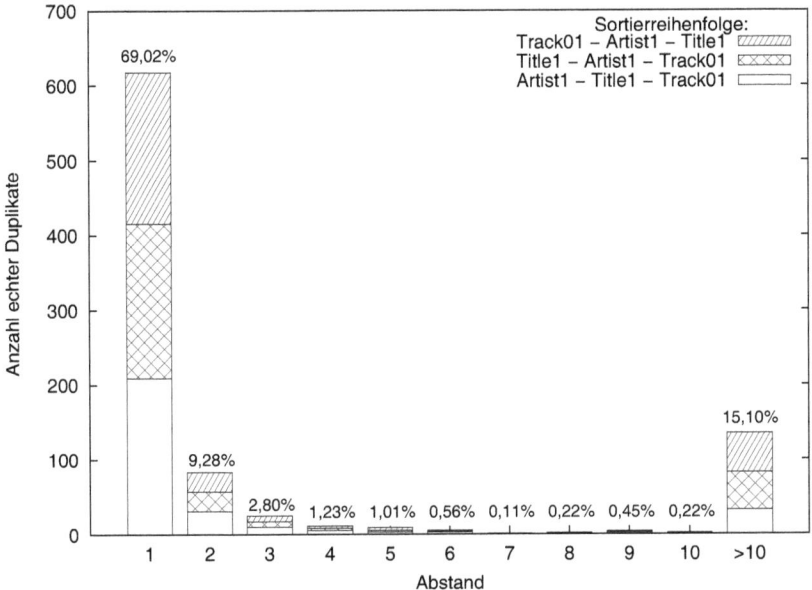

Abbildung 6.2: Abstand der echten Duplikate für verschiedene Sortierschlüssel

6.2 Beschreibung des Algorithmus

Die Vorgehensweise des verallgemeinerten Verfahrens ist in Abbildung 6.3 dargestellt. Analog zum Blocking werden die Tupel nach einem Partitionierungsschlüssel sortiert und in disjunkte Partitionen unterteilt. Innerhalb der einzelnen Partitionen erfolgt ein vollständiger Vergleich, wie in der Abbildung für die Partition P_1 dargestellt. Die Partitionen sollten aufgrund des quadratischen Aufwands eines vollständigen Tupelvergleichs jeweils die gleiche Anzahl von Elementen enthalten, um die Gesamtzahl der Tupelvergleiche zu minimieren. Sie können jedoch auch verschieden groß gewählt werden. Eine Überlappung der Partitionen wird durch Fenster analog der Sorted-Neighborhood-Methode realisiert, wobei jedes Fenster die Größe $u + 1$ hat. Das Fenster wird mit der Schrittweite 1 über den gesamten Überlagerungsbereich zweier benachbarter Partitionen geschoben. Der Überlagerungsbereich besteht aus u Fenstern, hat die Größe $2u$ und ist in beiden Partitionen gleich groß. Innerhalb der Fenster werden nur Tupel verschiedener Partitionen miteinander verglichen, da Vergleiche von Tupeln der gleichen Partition schon durch den vollständigen Vergleich innerhalb der Partitionen abgedeckt sind. In Abbildung 6.3 wird der Überlagerungsbereich der Partitionen P_1 und P_2 durch die Fenster $F_{(P_1,P_2).1}$ und $F_{(P_1,P_2).2}$ dargestellt.

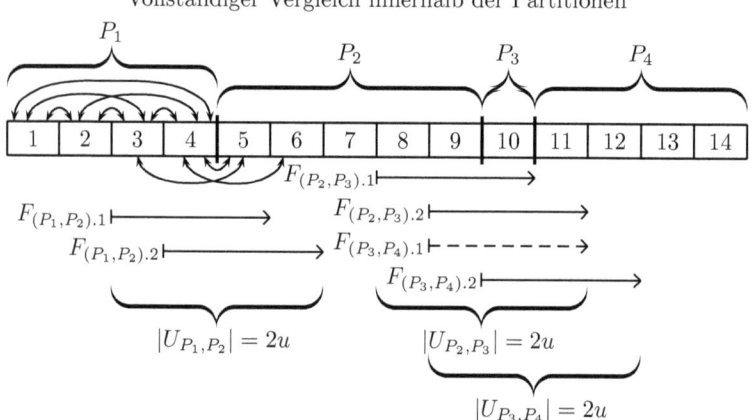

Abbildung 6.3: Darstellung verallgemeinertes Verfahren

Ein Sonderfall des Verfahrens liegt bei Partitionen verschiedener Größe vor, wenn eine Partition kleiner als die Überlagerung ist[1] (vgl. Partition P_3). In diesem Fall beinhalten die Fenster Tupel von mehr als zwei Partitionen, wodurch auch Vergleiche über mehr als zwei Partitionen durchgeführt werden. Außerdem führt das Bilden der Überlagerungsfenster an den Partitionsgrenzen zu identischen Fenstern (vgl. Fenster $F_{(P_2,P_3).2}$ und $F_{(P_3,P_4).1}$), wovon jedoch nur eins für den Tupelvergleich herangezogen wird. Dieser Sonderfall ist in der Praxis wenig relevant, wird aber durch den Algorithmus abgedeckt.

In Abbildung 6.4 ist ein Programmablaufplan des verallgemeinerten Verfahrens dargestellt. Nach Bildung des Partitionierungsschlüssels werden die Tupel sortiert eingelesen. Die für den Vergleich benötigten Tupel sind in einer Liste gespeichert. Ist das aktuell eingelesene Element das 1. Element einer neuen Partition, werden alle nicht mehr benötigten Elemente der vorherigen Partition aus der Liste entfernt. Andernfalls wird geprüft, ob der Algorithmus sich zurzeit in einem Überlagerungsbereich befindet, in dem das Fenster um ein Element weitergeschoben wird. Ab-

---

[1] Bei Partitionen gleicher Größe sind Partitionen größer u zu wählen, da ansonsten u zu einer Vergrößerung der Partitionen führt.

6.2 Beschreibung des Algorithmus

schließend wird das Tupel *i* paarweise mit allen Tupeln der Liste verglichen und an das Ende der Liste eingefügt.

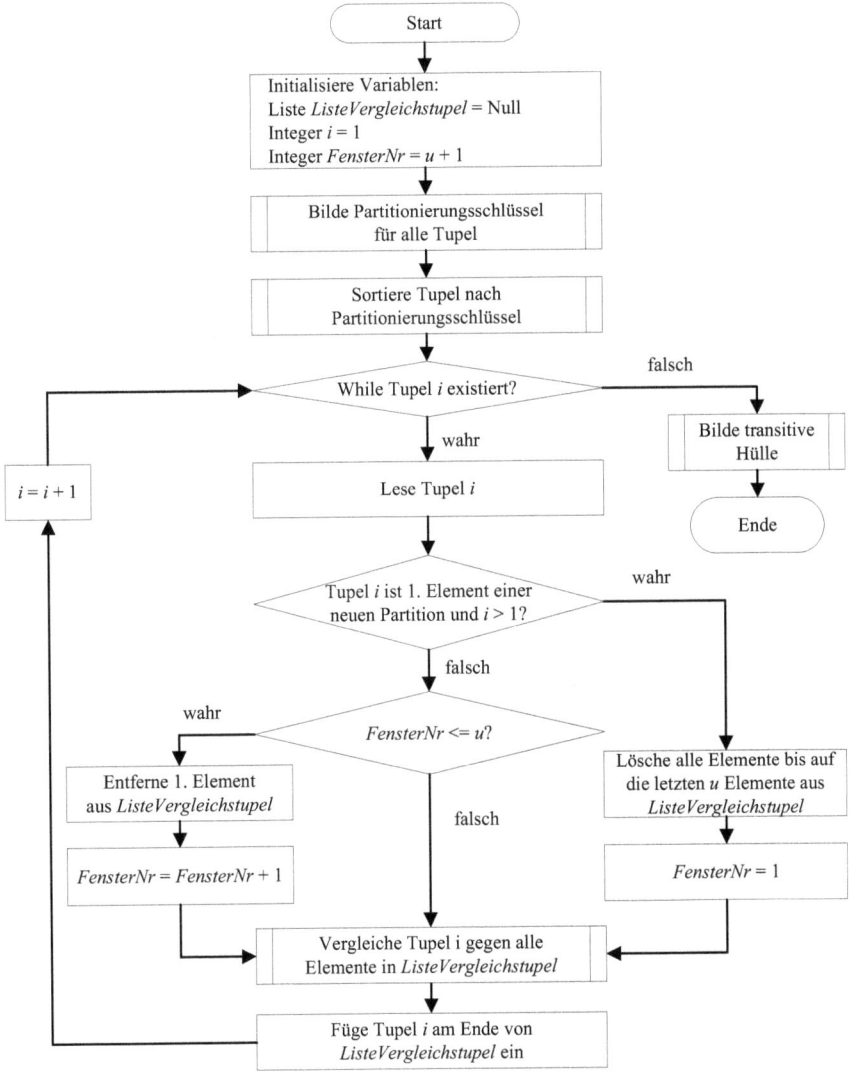

Abbildung 6.4: Programmablaufplan verallgemeinertes Verfahren

6.3 Analyse des Algorithmus

In diesem Abschnitt erfolgt eine Analyse des zuvor beschriebenen Algorithmus. Es werden einerseits die Komplexität und der Hauptspeicherbedarf betrachtet, andererseits wird der Algorithmus anhand der Kennzahlen Precision, Recall und F-Measure für die CD-Testdaten bewertet.

Komplexität

Der Aufwand der Duplikaterkennung ist die Summe der Tupelvergleiche innerhalb der Partionen und der Tupelvergleiche zwischen den Partitionen. Im Überlagerungsbereich werden u Elemente der Partition P_i mit jeweils durchschnittlich $\frac{u+1}{2}$ Elementen der Partition P_{i+1} verglichen. Sei p die Anzahl der Partitionen und P_i die Menge der Tupel in der i-ten Partition. Dann gibt es insgesamt $p-1$ Überlagerungsbereiche und es gilt:

$$\text{Anzahl Tupelvergleiche} = (p-1)\frac{u^2+u}{2} + \sum_{i=1}^{p} \frac{|P_i|^2 - |P_i|}{2}$$

In der Gleichung ist der Sonderfall nicht berücksichtigt. Tritt dieser auf, so sinkt die Anzahl der Tupelvergleiche, da identische Fenster nur einmal auf Duplikate geprüft werden. Bei Partitionen gleicher Größe sei m die Partitionsgröße und n die Gesamtzahl der Tupel mit $m = \frac{n}{p}$. Für diesen Fall gilt:

$$\text{Anzahl Tupelvergleiche} = (p-1)\frac{u^2+u}{2} + p\frac{m^2-m}{2}$$

Da u eine Konstante ist, ist der zweite Term bei einer Komplexitätsbetrachtung dominierend. Die Komplexität der Duplikaterkennung ist damit $O(\frac{pm^2}{2}) = O(\frac{nm}{2})$. Die Komplexität der Schlüsselbildung ist wie bei Blocking und der Sorted-Neighborhood-Methode $O(n)$ und ebenso beträgt die Komplexität der Sortierung $O(n\log n)$. Die Gesamt-Komplexität beträgt daher $O(n(\frac{m}{2} + \log n))$.

Tabelle 6.1 enthält einen Vergleich der Anzahl der Tupelvergleiche für die Sorted-Neighborhood-Methode, das Blocking sowie das verallgemeinerte Verfahren mit verschiedenen Überlagerungsgrößen. Die Berechnung basiert auf festen Partitionsgrößen mit $n = 10.000$.

Wie zu erwarten ist der Aufwand bei festen Partitionsgrößen für Blocking aufgrund der fehlenden Partitionsüberlagerung geringer als bei der Sorted-Neighborhood-Methode. Der Aufwand des verallgemeinerten Verfahrens entspricht für $m = u + 1$ dem Aufwand der Sorted-Neighborhood-Methode und nähert sich mit steigender Partitionsgröße dem Blocking, bleibt jedoch stets darüber. In Abbildung 6.5 ist dies noch einmal graphisch dargestellt. Es wird ersichtlich, dass der Einfluss der Überlagerungsgröße mit steigenden Partitionsgrößen abnimmt.

6.3 Analyse des Algorithmus

	Partitionsgröße					
	3	5	8	10	12	15
Sorted-Neighborhood	19.997	39.990	69.972	89.955	109.934	139.895
Blocking	10.000	20.000	35.000	45.000	55.000	70.000
Neues Verfahren, $u = 2$	19.997	25.997	38.747	47.997	57.497	71.997
Neues Verfahren, $u = 4$	—	39.990	47.490	54.990	63.323	76.657
Neues Verfahren, $u = 6$	—	—	61.229	65.979	72.479	83.979

Tabelle 6.1: Anzahl Tupelvergleiche bei verschiedenen Partitionsgrößen

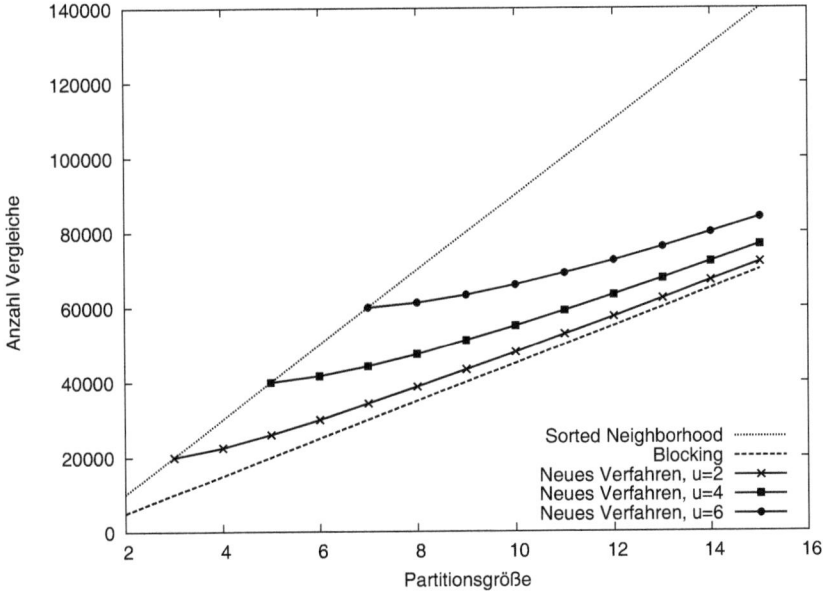

Abbildung 6.5: Anzahl Tupelvergleiche für n=10.000 bei verschiedenen Partitionsgrößen

Hauptspeicherbedarf

Der Hauptspeicherbedarf des neuen Verfahrens richtet sich wie bei der Sorted-Neighborhood-Methode nach der Partitionsgröße. Für den vollständigen Vergleich innerhalb einer Partition müssen alle Elemente im Hauptspeicher enthalten sein, um Festplattenzugriffe zu vermeiden. Da $m > u$ gilt[2], ist der Hauptspeicherbedarf in den Überlagerungsbereichen geringer. Dies gilt auch für Partitionen verschiedener Größe, bei denen sich der maximale Hauptspeicherbedarf nach der größten Partition richtet.

Für die Beispielwerte aus Kapitel 5.1 mit einer Tupelgröße von 300 Byte und einer Partitionsgröße $m = 20$ beträgt der Hauptspeicherbedarf wie bei der Sorted-Neighborhood-Methode $\approx 5{,}86$ KB.

Precision, Recall & F-Measure

In diesem Abschnitt wird das verallgemeinerte Verfahren anhand der Kennzahlen Precision, Recall und F-Measure auf Effektivität und Effizienz anhand der CD-Testdaten geprüft. Hierfür sind 25 Durchläufe des verallgemeinerten Verfahrens erfolgt, jeweils mit einer festen Partitionsgröße von 3-27 Elementen. Die Ergebnisse der Durchläufe sind in Tabelle 6.2 dargestellt. Für eine Vergleichbarkeit der Ergebnisse mit denen des Blockings und der Sorted-Neighborhood-Methode in Kapitel 5.2 sind der gleiche Sortierschlüssel und die gleiche Ähnlichkeitsfunktion mit einem Schwellwert von 0,78 verwendet worden. Als Überlagerungsgröße wird zunächst $u = 2$ gewählt.

Precision und Recall sind in Abbildung 6.6 graphisch dargestellt. Die Abbildung enthält auch für das Blocking, die Sorted-Neighborhood-Methode und den vollständigen Vergleich die Vergleichswerte aus Kapitel 5.2. Da diese Graphen bereits beschrieben wurden, konzentrieren sich die folgenden Absätze auf die Beschreibung des verallgemeinerten Verfahrens.

Die Precision des verallgemeinerten Verfahrens entspricht in etwa dem Blocking und der Sorted-Neighborhood-Methode. Die Ausschläge des Graphen sind hierbei weniger stark als beim Blocking, dafür etwas stärker als bei der Sorted-Neighborhood-Methode. Hierbei ist zu beobachten, dass die Ausschläge des verallgemeinerten Verfahrens mit zunehmender Partitionsgröße steigen. Der Einfluss der Überlagerung auf die Precision scheint daher mit zunehmender Partitionsgröße immer weiter abzunehmen, denn der Precision-Wert nähert sich dem des Blockings ohne Überlagerung, während zu Beginn des Graphen der Precision-Wert näher an dem der Sorted-Neighborhood-Methode mit maximaler Überlagerung liegt.

---

[2] Ein Wert $u \geq m$ führt effektiv zu einer Vergrößerung der Partitionen.

6.3 Analyse des Algorithmus

Partitions-größe	Anzahl Tupelvergleiche	Precision	Recall	F-Measure
3	19523	0.9400	0.7886	0.8577
4	21963	0.9400	0.7886	0.8577
5	25379	0.9400	0.7886	0.8577
6	29285	0.9407	0.7987	0.8639
7	33466	0.9368	0.7953	0.8603
8	37823	0.9368	0.7953	0.8603
9	42297	0.9409	0.8020	0.8659
10	46851	0.9373	0.8020	0.8644
11	51461	0.9370	0.7987	0.8623
12	56118	0.9375	0.8054	0.8664
13	60828	0.9409	0.8020	0.8659
14	65528	0.9373	0.8020	0.8644
15	70278	0.9380	0.8121	0.8705
16	75033	0.9368	0.7953	0.8603
17	79796	0.9339	0.8054	0.8649
18	84573	0.9419	0.8154	0.8741
19	89382	0.9365	0.7919	0.8582
20	94187	0.9339	0.8054	0.8649
21	99003	0.9382	0.8154	0.8725
22	103798	0.9339	0.8054	0.8649
23	108599	0.9302	0.8054	0.8633
24	113445	0.9341	0.8087	0.8669
25	118248	0.9269	0.8087	0.8638
26	123078	0.9377	0.8087	0.8685
27	127914	0.9305	0.8087	0.8654

Tabelle 6.2: Ergebnisse des verallgemeinerten Verfahrens

Der Recall des verallgemeinerten Verfahrens ist zunächst identisch mit dem der Sorted-Neighborhood-Methode. Ab einer Partitionsgröße $m = 6$ liegt der Recall des verallgemeinerten Verfahrens über dem der Sorted-Neighborhood-Methode, fällt ab einer Partitionsgröße von $m = 11$ jedoch darunter. An der Stelle dieses Schnittpunkts erreicht die Sorted-Neighborhood-Methode eine Fenstergröße von

$w = 6$. D.h. die Sorted-Neighborhood-Methode deckt ab diesem Schnittpunkt den gleichen maximalen Abstand zwischen den Tupeln ab, wie das verallgemeinerte Verfahren bei seinem Anstieg des Recalls. Der Unterschied beider Verfahren liegt jedoch in der Anzahl der Tupelvergleiche, die bei den jeweiligen Partitionsgrößen erfolgen. Das verallgemeinerte Verfahren hat bei einer Partitionsgröße von $m = 6$ die gleiche Anzahl an Tupelvergleichen, wie die Sorted-Neighborhood-Methode schon bei einer Fenstergröße $w = 4$ erreicht.

Im weiteren Verlauf des Graphen weist das verallgemeinerte Verfahren mehrere lokale Maxima und Minima auf, im Gegensatz zum monoton steigenden Recall-Wert der Sorted-Neighborhood-Methode. Der Verlauf des Graphen des verallgemeinerten Verfahrens ähnelt hierbei dem Verlauf des Blockings, d.h. dort wo das Blocking ein lokales Maximum hat, hat auch das verallgemeinerte Verfahren eins. Das verallgemeinerte Verfahren bleibt jedoch stets deutlich über dem Graphen des Blockings. Hier bestätigt sich die Beobachtung bei der Precision, dass das verallgemeinerte Verfahren bei kleinen Partitionsgrößen mehr der Sorted-Neighborhood-Methode ähnelt und sich mit steigenden Partitionsgrößen dem Blocking annähert. Zu berücksichtigen ist allerdings, dass feste Partitionsgrößen gewählt wurden, bei denen die Partitionsgrenzen nicht an den Daten ausgerichtet sind. Bei Verwendung eines Partitionierungsschlüssels, der die Tupel anhand ihrer Attribut-Werte in Partitionen einteilt, sind auch bei steigenden Partitionsgrößen bessere Werte zu erwarten.

6.3 Analyse des Algorithmus

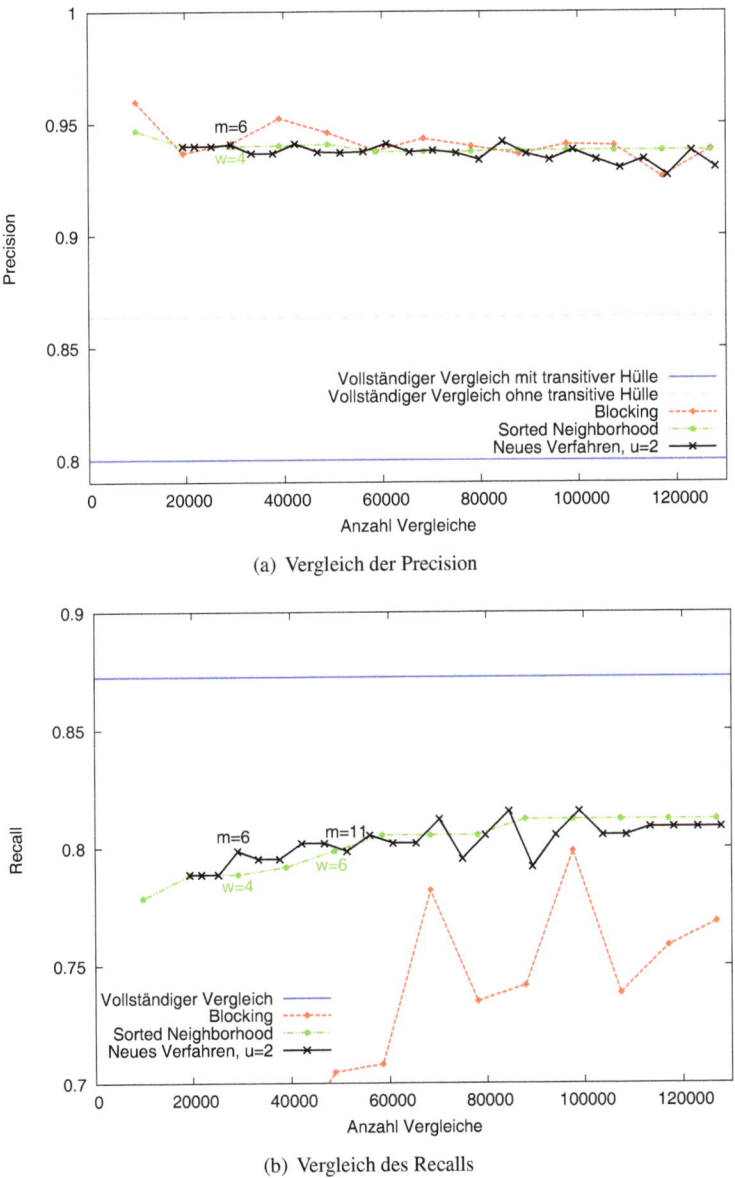

(a) Vergleich der Precision

(b) Vergleich des Recalls

Abbildung 6.6: Vergleich von Precision und Recall

Das F-Measure, welches als harmonisches Mittel aus Precision und Recall definiert ist, ist in Abbildung 6.7 graphisch dargestellt. Hier sind die gleichen Auffälligkeiten im Kurvenverlauf des verallgemeinerten Verfahrens zu beobachten, wie schon bei Precision und Recall. Zunächst entspricht das F-Measure bei gleicher Anzahl an Tupelvergleichen dem der Sorted-Neighborhood-Methode. Bei einer Partitionsgröße $m = 6$ ist ein Anstieg wie beim Recall zu beobachten. Im weiteren Verlauf des Graphen kommt es bei $m = 11$ jedoch wieder zu einem Schnittpunkt mit der Sorted-Neighborhood-Methode. Das F-Measure liegt zweitweise sogar über dem Wert des vollständigen Vergleichs. Mit zunehmender Partitionsgröße kommt es zu ähnlichen Ausschlägen wie beim Blocking. Das F-Measure des verallgemeinerten Verfahrens bleibt jedoch stets über dem des Blockings.

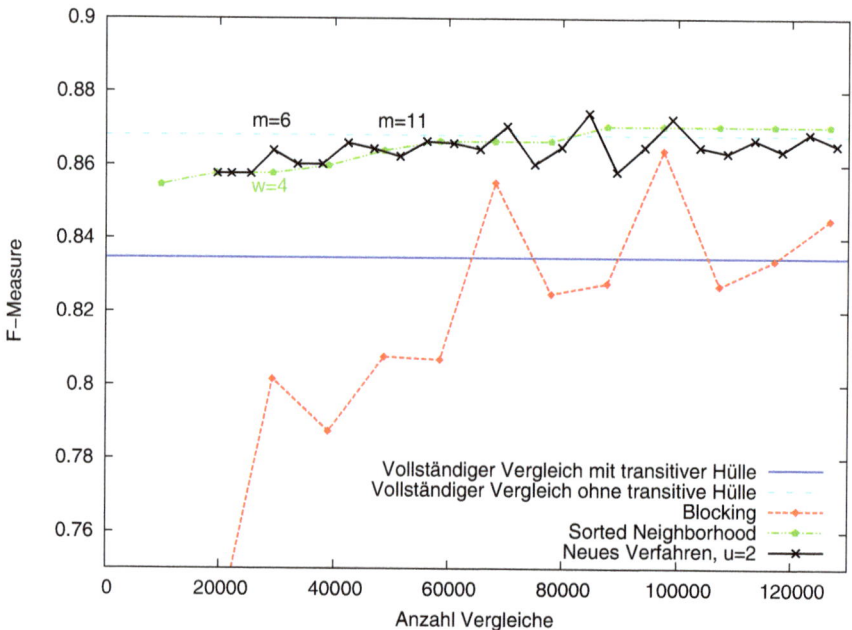

Abbildung 6.7: Vergleich des F-Measure

6.3 Analyse des Algorithmus

Validierung der Überlagerungsgröße

In der bisherigen Betrachtung wurde eine Überlagerungsgröße $u = 2$ als geeigneter Wert angenommen, ohne diesen genau zu validieren. In Tabelle 6.3 sind daher Vergleichswerte für das F-Measure bei verschiedenen Überlagerungsgrößen dargestellt. Die Versuchsparameter wie Ähnlichkeitsfunktion, Schwellwert, Sortierung etc. sind hierfür nicht geändert worden. Je nach Überlagerungsgröße sind bei gleicher Partitionsgröße die Anzahl der Tupelvergleiche verschieden.

Partitions-	F-Measure Neues Verfahren				
größe	$u = 2$	$u = 3$	$u = 4$	$u = 5$	$u = 6$
3	0,8577	–	–	–	–
4	0,8577	0,8577	–	–	–
5	0,8577	0,8577	0,8597	–	–
6	0,8639	0,8639	0,8639	0,8639	–
7	0,8603	0,8603	0,8603	0,8644	0,8664
8	0,8603	0,8603	0,8623	0,8623	0,8664
9	0,8659	0,8659	0,8659	0,8659	0,8664
10	0,8644	0,8644	0,8644	0,8644	0,8664
11	0,8623	0,8623	0,8623	0,8664	0,8664
12	0,8664	0,8664	0,8664	0,8664	0,8685
13	0,8659	0,8659	0,8659	0,8659	0,8664
14	0,8644	0,8644	0,8644	0,8644	0,8664
15	0,8705	0,8705	0,8705	0,8705	0,8705
16	0,8603	0,8603	0,8623	0,8623	0,8664
17	0,8649	0,8649	0,8649	0,8649	0,8649
18	0,8741	0,8741	0,8741	0,8741	0,8725
19	0,8582	0,8582	0,8603	0,8644	0,8669
20	0,8649	0,8649	0,8649	0,8649	0,8669
21	0,8725	0,8725	0,8725	0,8725	0,8725
22	0,8649	0,8649	0,8649	0,8689	0,8689
23	0,8633	0,8633	0,8633	0,8633	0,8654
24	0,8669	0,8669	0,8669	0,8669	0,8669
25	0,8638	0,8638	0,8638	0,8679	0,8679
26	0,8685	0,8685	0,8685	0,8685	0,8689
27	0,8654	0,8654	0,8654	0,8654	0,8674

Tabelle 6.3: Vergleich des F-Measure für verschiedene Überlagerungsgrößen

Abbildung 6.8 zeigt die Werte des F-Measure in Abhängigkeit von der Anzahl der Tupelvergleiche. Für die Überlagerungsgrößen $u = 3$ und $u = 4$ ist im oberen Teil der Abbildung zu erkennen, dass das F-Measure weitestgehend dem F-Measure der Überlagerungsgröße $u = 2$ entspricht. Die beiden Graphen sind jedoch gegenüber $u = 2$ auf der x-Achse nach rechts verschoben. Dies bedeutet, dass sie mehr Tupelvergleiche benötigen, ohne das Ergebnis zu verbessern.

Im unteren Teil der Abbildung wird $u = 2$ mit $u = 5$ und $u = 6$ verglichen. Der Effekt der auf der x-Achse verschobenen Graphen ist auch hier zu beobachten. Allerdings wird bei steigender Überlappungsgröße der Ausschlag der Kurven abgemildert. Unter Berücksichtigung von F-Measure und der Anzahl Tupelvergleiche ist zu erkennen, dass eine Überlappungsgröße $u = 2$ ein geeigneter Wert für die CD-Testdaten ist.

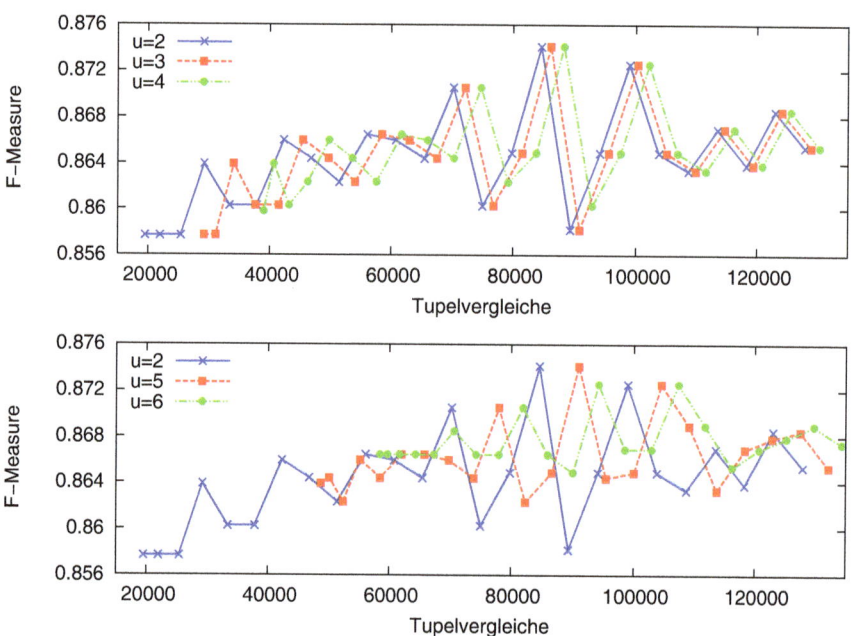

Abbildung 6.8: Vergleich des F-Measure für verschiedene Überlagerungsgrößen

Betrachtung der Effizienz

In Kapitel 2.5 wurde Effizienz als Quotient von Ergebnis und benötigten Ressourcen definiert. Das Ergebnis der Duplikaterkennung wird mit Recall und F-Measure und die benötigten Ressourcen mit der Anzahl Tupelvergleiche quantifizierbar. Während der Recall ausschließlich die Vollständigkeit betrachtet, ist das F-Measure auch abhängig von der Precision und somit von der Korrektheit der Ergebnisse. In den vorherigen Abbildungen 6.7 und 6.8 sind das F-Measure und die Anzahl der Tupelvergleiche enthalten. Die Effizienz der Verfahren kann also direkt in diesen Abbildungen verglichen werden. Für eine gegebene Anzahl an Tupelvergleichen ist das Verfahren am effizientesten, welches den höchsten Wert des F-Mesure hat.

Abbildung 6.9 betrachtet zusätzlich die Effizienz in Abhängigkeit von der Partitionsgröße. Hierfür wurde für jede Partitionsgröße der Quotient aus F-Measure und der jeweiligen Anzahl an Tupelvergleichen des Verfahrens gebildet und das Ergebnis mit 100.000 multipliziert, um viele Nachkommastellen zu vermeiden[3]. Das rechte Diagramm ist ein Ausschnitt des linken Diagramms. Es ist zu erkennen, dass die Sorted-Neighborhood-Methode bezogen auf die Partitionsgröße die schlechteste Effizienz aufweist. Die Effizienz des Blockings liegt zunächst über dem neuen Verfahren, fällt dann aber zwischen die Effizienz für die Überlagerungsgrößen $u = 2$ und $u = 6$.

6.4 Bewertung des verallgemeinerten Verfahrens

Ziel dieser Arbeit ist die Entwicklung eines verallgemeinerten Verfahrens zur Duplikaterkennung, welches die Effizienz im Vergleich zum Blocking und zur Sorted-Neighborhood-Methode steigert. Hierbei kann die Effizienz als Quotient der Anzahl der gefundenen echten Duplikate und der benötigten Tupelvergleiche beschrieben werden. Ausgangsbasis für das neue Verfahren ist das Blocking, da dies bei gleicher Partitionsgröße weniger Tupelvergleiche als die Sorted-Neighborhood-Methode benötigt und zusätzlich auch die Möglichkeit variabler Partitionsgrößen bietet. Darauf aufbauend wurde eine geeignete Überlagerungsgröße zwischen den Partitionen für die CD-Testdaten gewählt und später auch validiert. Durch diese Überlagerung wird sichergestellt, dass echte Duplikate, die in der Sortierreihenfolge dicht beieinander liegen, dem paarweisen Tupelvergleich unterzogen und somit bei einer geeigneten Ähnlichkeitsfunktion als Duplikate erkannt werden. Dies ist auch bei der Sorted-Neighborhood-Methode der Fall, bei der das Fenster je-

---

[3]Da die Effizienz für den Vergleich verschiedener Verfahren verwendet wird und keine absolute Größe darstellt, beeinflusst die Multiplikation mit 100.000 das Ergebnis nicht.

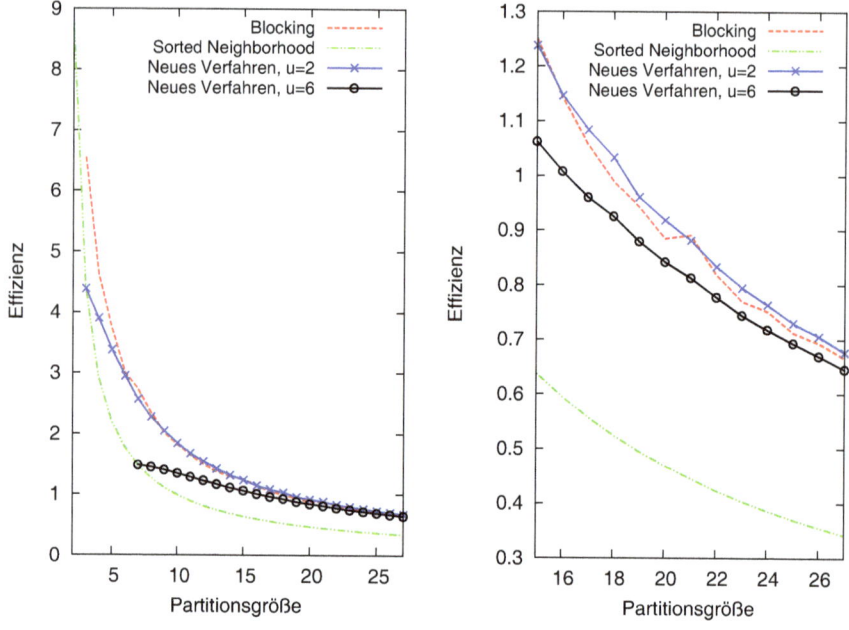

Abbildung 6.9: Effizienz der Partitionsgrößen

weils mit der Schrittweite 1 weitergeschoben wird. Bei der Sorted-Neighborhood-Methode steigt die Anzahl der Tupelvergleiche mit zunehmender Fenstergröße jedoch stark an, da jedes Tupel mit mindestens $w-1$ Tupeln und maximal mit $2w-2$ Tupeln verglichen wird[4]. Hierdurch wird zwar eine hohe Abdeckung an miteinander verglichenen Tupeln erreicht, es sinkt jedoch die Effizienz, da immer mehr Tupel miteinander verglichen werden, die keine Duplikate sind.

Das vorgestellte verallgemeinerte Verfahren wirkt dem entgegen, indem nur eine geringe, an die Datensätze angepasste, Überlagerung zwischen den Partitionen gewählt wird. So können bei gleicher Anzahl von Tupelvergleichen größere Partitionen verwendet werden als bei der Sorted-Neighborhood-Methode. Dies ist bei den CD-Testdaten sehr gut für eine Partitionsgröße von $m=6$ sichtbar geworden, bei der ein Anstieg des Recalls zu beobachten ist und die Sorted-Neighborhood-

---

[4]Es sind $w-1$ Tupelvergleiche für die beiden Tupel am Rand der Sortierreihenfolge. Je weiter ein Tupel vom Rand entfernt ist, gegen desto mehr Tupel wird es bis zum Maximalwert verglichen.

6.4 Bewertung des verallgemeinerten Verfahrens

Methode bei gleicher Anzahl von Tupelvergleichen erst eine Fenstergröße von $w = 4$ erreicht.

Durch die Vergrößerung der Partitionen steigt die Anzahl der Tupelvergleiche und dabei ist auch eine Vergrößerung der Abweichungen zwischen dem verallgemeinerten Verfahren und der Sorted-Neighborhood-Methode zu beobachten, wobei beide Verfahren abwechselnd die besseren Ergebnisse erzielen. Hierbei ist jedoch zu bedenken, ob feste Partitionsgrößen > 10 bei 9.763 CD-Datensätzen noch sinnvoll sind, da echte Duplikate sich bei diesen Abständen nur noch im Promille-Bereich befinden. Hier sollte vielmehr eine an den Attribut-Werten ausgerichtete Partitionierung verwendet werden, was ggf. zu Partitionen verschiedener Größe führt. Die Effizienz des verallgemeinerten Verfahrens ist bei einer niedrigen Anzahl an Tupelvergleichen höher als bei der Sorted-Neighborhood-Methode, liegt bei steigenden Tupelvergleichen jedoch teilweise darunter. Vergleicht man die Effizienz für gleiche Partitionsgrößen, so erzielt das neue Verfahren bessere Ergebnisse als die Sorted-Neighborhood-Methode.

Im Vergleich zum Blocking erzielt das verallgemeinerte Verfahren bei gleicher Anzahl an Tupelvergleichen stets bessere Recall-Ergebnisse. Durch die Überlagerung ist das verallgemeinerte Verfahren unabhängiger von der Wahl eines geeigneten Partitionierungsschlüssels als das Blocking. Die Überlagerung verursacht zwar zusätzliche Tupelvergleiche, diese fallen bei steigender Partitionsgröße jedoch immer weniger ins Gewicht. Einerseits verringert sich die Anzahl der Überlagerungen bei steigender Partitionsgröße. Andererseits ist der Aufwand für den vollständigen Vergleich innerhalb der Partitionen deutlich größer als der Aufwand für die Überlagerungen. Für die CD-Testdaten bedeutet jede Überlagerung $u = 2$ nur einen Aufwand von 3 zusätzlichen Tupelvergleichen. Die Effizienz des verallgemeinerten Verfahrens ist bei gleicher Anzahl an Tupelvergleichen stets größer als die des Blockings.

7 Zusammenfassung

Daten liegen heutzutage nicht mehr an einem zentralen Ort vor, sondern sind weltweit verteilt. Für einen vollständigen Überblick über die Daten ist es notwendig verschiedene Quellen zu integrieren. Neben strukturellen und semantischen Heterogenitäten existieren auch Heterogenitäten auf Datenebene. Diese zu lösen und somit eine Verbindung zwischen gleichen Realwelt-Objekten herzustellen ist Aufgabe der Duplikaterkennung.

Die Ursachen für Duplikate sind vielfältig. Häufig entstehen sie durch eine fehlerhafte Erfassung der Daten, beispielsweise durch Tipp- und Hörfehler. Duplikate verursachen einen unnötigen Verbrauch von Speicherplatz und Rechenleistung. Zudem ist es nicht mehr möglich, durch einfaches Zählen die Anzahl der Realwelt-Objekte zu bestimmen, und es besteht die Gefahr weiterer Inkonsistenzen, da bei Änderungs- und Löschoperationen nicht alle Elemente erfasst werden. Duplikate sind daher in einem Datenbestand zu vermeiden bzw. zu beseitigen.

Der Ablauf der Duplikaterkennung gliedert sich in fünf Schritte. Zunächst werden in der *Vorverarbeitung* die Daten bzgl. Schreibweise, Einheit und Format vereinheitlicht sowie offensichtliche Fehler beseitigt. Anschließend erfolgt eine *Reduzierung des Suchraums*, da der Aufwand eines vollständigen paarweisen Tupelvergleichs quadratisch und somit in der Praxis ungeeignet ist. Durch Aufteilung der Gesamtdatenmenge in Partitionen verringert sich der jeweilige Suchraum. Die *Auswahl einer Ähnlichkeitsfunktion*, mit der die Ähnlichkeit zweier Tupel bestimmt wird, basiert auf attributspezifischen Abstandsmaßen. Durch die *Anwendung der Ähnlichkeitsfunktion* auf Tupelpaare und einen Schwellwert erfolgt eine Klassifizierung der Datensätze als Duplikat oder Nicht-Duplikat. Abschließend erfolgt eine *Verifizierung der Ergebnisse* anhand von Kennzahlen.

Zur Beurteilung von Duplikaterkennungs-Verfahren kann die Effektivität und Effizienz der Verfahren miteinander verglichen werden. Für die Effektivität stehen mit Precision (Korrektheit), Recall (Vollständigkeit) und F-Measure diverse Kennzahlen zur Verfügung. Die Effizienz berücksichtigt neben den erzielten Ergebnissen auch die benötigte Zeit der Duplikaterkennung. Diese ist einerseits abhängig von der Komplexität der Ähnlichkeitsfunktion, andererseits von der Anzahl der Tupelvergleiche.

Zur Reduzierung des Suchraums wurden mit Blocking und der Sorted-Neighborhood-Methode zwei Verfahren vorgestellt. *Blocking* teilt die Gesamtmenge der

Tupel anhand eines Blocking-Schlüssels in disjunkte Blöcke. Innerhalb der Blöcke erfolgt dann ein vollständiger paarweiser Tupelvergleich. Die *Sorted-Neighborhood-Methode* sortiert die Datensätze zunächst anhand eines Sortierschlüssels und schiebt anschließend ein Fenster mit der Schrittweite 1 über die sortierten Tupel. Der paarweise Tupelvergleich erfolgt dabei ausschließlich innerhalb des jeweiligen Fensters. Wesentlicher Unterschied von Blocking und der Sorted-Neighborhood-Methode ist die Überlappung der Partitionen. Während Blocking keine Überlappung verwendet, ist die Überlappung bei der Sorted-Neighborhood-Methode maximal, da sich zwei benachbarte Fenster nur durch ein einziges Element unterscheiden.

In einem praktischen Vergleich sind beide Verfahren anhand von CD-Testdaten miteinander verglichen worden. Hierfür sind die Basisalgorithmen beider Verfahren implementiert worden und es erfolgten jeweils mehrere Durchläufe mit unterschiedlichen Partitionsgrößen. Während die Precision kaum Unterschiede aufweist, ist der Recall beider Verfahren signifikant unterschiedlich. Speziell bei kleinen Partitionsgrößen ist die Sorted-Neighborhood-Methode dem Blocking überlegen. Dies liegt an der Überlappung zwischen den Fenstern, wodurch eine korrekte Abgrenzung der Partitionen weniger relevant ist als beim Blocking.

Die Ergebnisse des Vergleichs beider Verfahren sind dann in die Entwicklung eines verallgemeinerten Verfahrens eingeflossen. Hierfür wurde zunächst untersucht, wie weit sich die Partitionen überlagern müssen, um eine möglichst große Abdeckung der echten Duplikate zu erreichen. Für die CD-Testdaten ergab dies eine Überlagerung von zwei Elementen, wobei der Wert spezifisch für die CD-Testdaten ist und bei anderen Datensätzen größer oder kleiner sein kann.

Das verallgemeinerte Verfahren teilt die Gesamtdatenmenge ähnlich dem Blocking in Partitionen, für die jeweils ein vollständiger paarweiser Tupelvergleich erfolgt. Zusätzlich werden Elemente am Rand der Partitionen mit Rand-Elementen der benachbarten Partition verglichen. Hierfür wird ein Fenster wie bei der Sorted-Neighborhood-Methode der Größe $u+1$ über den gesamten Überlagerungsbereich geschoben, wobei u die gewählte Überlagerung ist. Der Überlagerungsbereich hat die Größe $2u$ und beinhaltet die gleiche Anzahl Tupel beider benachbarter Partitionen.

Eine Analyse des Algorithmus zeigt, dass das verallgemeinerte Verfahren bei gleichen Partitionsgrößen zunächst eine identische Anzahl von Tupelvergleichen hat wie die Sorted-Neighborhood-Methode, sich mit steigenden Partitionsgrößen jedoch mehr dem Blocking annähert und deutlich unter den Tupelvergleichen der Sorted-Neighborhood-Methode bleibt. Aufgrund der gewählten Überlagerung bleibt das verallgemeinerte Verfahren jedoch stets geringfügig über der Anzahl

7 Zusammenfassung

der Tupelvergleiche des Blockings. Der Hauptspeicherbedarf ist gering, er beträgt maximal die Größe der Tupel einer Partition.

Mehrere Durchläufe des verallgemeinerten Verfahrens mit unterschiedlichen Partitionsgrößen für die CD-Testdaten zeigen, dass die Precision des verallgemeinerten Verfahrens vergleichbar mit der Precision des Blockings und der Sorted-Neighborhood-Methode ist. Beim Recall bestehen jedoch Unterschiede. Für die gleiche Anzahl von Tupelvergleichen ist der Recall-Wert des verallgemeinerten Verfahrens zunächst identisch mit der Sorted-Neighborhood-Methode bzw. er liegt darüber. Dies liegt einerseits an größeren Partitionen, andererseits wird durch die Überlagerung sichergestellt, dass echte Duplikate an den Partitionsgrenzen nicht unberücksichtigt bleiben. Erst bei großen Partitionen liegt die Sorted-Neighborhood-Methode teilweise über dem des verallgemeinerten Verfahrens. Dies liegt daran, dass feste Partitionsgrößen für das verallgemeinerte Verfahren verwendet wurden und keine an den Attributwerten ausgerichtete Partitionierung. Hierbei können weit entfernte Tupel eines echten Duplikats teilweise in einer gemeinsamen und teils in unterschiedlichen Partitionen liegen. Die Sorted-Neighborhood-Methode deckt diesen Fall besser ab. Der Recall-Wert des Blockings bleibt stets unter dem des verallgemeinerten Verfahrens.

Für die Effizienz des verallgemeinerten Verfahrens bedeutet dies, dass diese bei einer gleichen Anzahl von Tupelvergleichen stets über der des Blockings liegt. Im Vergleich zur Sorted-Neighborhood-Methode ist die Effizienz zunächst gleich bzw. höher. Erst bei großen Partitionen und einer dementsprechenden hohen Anzahl an Tupelvergleichen erzielt die Sorted-Neighborhood-Methode teilweise bessere Ergebnisse.

Eine Validierung des verallgemeinerten Verfahrens ist bisher nur für die CD-Testdaten erfolgt. Um eine allgemeingültige Aussage zu den Ergebnissen, speziell den Vergleich zur Sorted-Neighborhood-Methode zu treffen, sollten weitere Testdatensätze herangezogen werden. Interessant sind speziell größere Datenmengen, um zu untersuchen, ob dies die Ergebnisse des verallgemeinerten Verfahrens bei größeren Partitionen verbessert. Weiterhin sollte geprüft werden, welche Ergebnisse das verallgemeinerte Verfahren erzielt, wenn statt fester Partitionsgrößen eine an den Attributwerten ausgerichtete Partitionierung erfolgt. Insbesondere bei großen Partitionen, bei denen die Sorted-Neighborhood-Methode in der beschriebenen Untersuchung teilweise bessere Ergebnisse erzielte, sollte hierbei eine Verbesserung des Recalls und damit der Effizienz möglich sein.

Diese Arbeit konzentrierte sich auf jeweils einen einzigen Durchlauf der Verfahren. Ein weiterer interessanter Untersuchungsaspekt sind die Auswirkungen bei Verwendung mehrerer Durchläufe mit unterschiedlichen Sortierschlüsseln (Multi-Pass-Methode) auf die Ergebnisse und Effizienz der Verfahren. Bei Multi-Pass-

Methoden werden üblicherweise kleinere Partitionsgrößen verwendet, als bei einem einzigen Durchlauf. Wie in den vorherigen Kapiteln beschrieben, erzielt das verallgemeinerte Verfahren hierbei bessere Ergebnisse als die Sorted-Neighborhood-Methode.

Anhang

Vollständige Attributliste der Testdatensätze

Attribut	Datentyp	Feldlänge	Füllgrad	Beschreibung
id	varchar	80	100.00 %	Künstlicher Primärschlüssel
cid	varchar	80	100.00 %	Berechneter CD-Identifizierer
artist1	varchar	112	100.00 %	Interpret
artist2	varchar	60	2.14 %	Interpret 2
artist3	varchar	10	0.02 %	Interpret 3
title1	varchar	117	99.89 %	Titel der CD
title2	varchar	60	2.14 %	Titel der CD 2
title3	varchar	10	0.02 %	Titel der CD 3
category	varchar	10	100.00 %	Kategorie (11 vorgegebene)
genre	varchar	49	65.24 %	Genre (frei wählbar)
cdextra	varchar	249	33.35 %	Name zusätzlicher Datenspur
year	varchar	4	53.46 %	Erscheinungsjahr
track01	varchar	110	100.00 %	Name Lied 1
track02	varchar	118	99.92 %	Name Lied 2
track03	varchar	136	99.91 %	Name Lied 3
track04	varchar	156	99.91 %	Name Lied 4
track05	varchar	159	99.90 %	Name Lied 5
track06	varchar	165	99.90 %	Name Lied 6
track07	varchar	118	99.90 %	Name Lied 7
track08	varchar	126	99.89 %	Name Lied 8
track09	varchar	118	99.89 %	Name Lied 9
track10	varchar	113	99.89 %	Name Lied 10
track11	varchar	159	98.11 %	Name Lied 11
track12	varchar	116	85.32 %	Name Lied 12
track13	varchar	95	44.63 %	Name Lied 13
track14	varchar	104	19.66 %	Name Lied 14
track15	varchar	97	6.78 %	Name Lied 15
track16	varchar	117	4.60 %	Name Lied 16
track17	varchar	90	4.18 %	Name Lied 17
track18	varchar	78	4.06 %	Name Lied 18
track19	varchar	81	3.88 %	Name Lied 19
track20	varchar	137	3.82 %	Name Lied 20
track21	varchar	72	3.78 %	Name Lied 21
track22	varchar	93	3.74 %	Name Lied 22
track23	varchar	87	3.72 %	Name Lied 23
track24	varchar	81	3.71 %	Name Lied 24
track25	varchar	82	3.65 %	Name Lied 25

track26	varchar	93	3.56 %	Name Lied 26
track27	varchar	105	3.39 %	Name Lied 27
track28	varchar	70	3.09 %	Name Lied 28
track29	varchar	61	2.45 %	Name Lied 29
track30	varchar	70	1.75 %	Name Lied 30
track31	varchar	70	0.99 %	Name Lied 31
track32	varchar	71	0.72 %	Name Lied 32
track33	varchar	67	0.59 %	Name Lied 33
track34	varchar	65	0.50 %	Name Lied 34
track35	varchar	70	0.48 %	Name Lied 35
track36	varchar	61	0.46 %	Name Lied 36
track37	varchar	62	0.45 %	Name Lied 37
track38	varchar	70	0.44 %	Name Lied 38
track39	varchar	66	0.43 %	Name Lied 39
track40	varchar	60	0.42 %	Name Lied 40
track41	varchar	61	0.40 %	Name Lied 41
track42	varchar	57	0.40 %	Name Lied 42
track43	varchar	62	0.38 %	Name Lied 43
track44	varchar	68	0.37 %	Name Lied 44
track45	varchar	69	0.35 %	Name Lied 45
track46	varchar	57	0.32 %	Name Lied 46
track47	varchar	61	0.31 %	Name Lied 47
track48	varchar	61	0.28 %	Name Lied 48
track49	varchar	63	0.25 %	Name Lied 49
track50	varchar	61	0.23 %	Name Lied 50
track51	varchar	57	0.19 %	Name Lied 51
track52	varchar	61	0.18 %	Name Lied 52
track53	varchar	57	0.18 %	Name Lied 53
track54	varchar	57	0.17 %	Name Lied 54
track55	varchar	57	0.17 %	Name Lied 55
track56	varchar	65	0.17 %	Name Lied 56
track57	varchar	57	0.17 %	Name Lied 57
track58	varchar	57	0.17 %	Name Lied 58
track59	varchar	63	0.17 %	Name Lied 59
track60	varchar	57	0.17 %	Name Lied 60
track61	varchar	57	0.17 %	Name Lied 61
track62	varchar	63	0.15 %	Name Lied 62
track63	varchar	62	0.13 %	Name Lied 63
track64	varchar	63	0.11 %	Name Lied 64

track65	varchar	57	0.10 %	Name Lied 65
track66	varchar	54	0.09 %	Name Lied 66
track67	varchar	54	0.09 %	Name Lied 67
track68	varchar	54	0.09 %	Name Lied 68
track69	varchar	51	0.09 %	Name Lied 69
track70	varchar	51	0.09 %	Name Lied 70
track71	varchar	51	0.08 %	Name Lied 71
track72	varchar	51	0.08 %	Name Lied 72
track73	varchar	51	0.08 %	Name Lied 73
track74	varchar	51	0.08 %	Name Lied 74
track75	varchar	51	0.08 %	Name Lied 75
track76	varchar	51	0.08 %	Name Lied 76
track77	varchar	51	0.08 %	Name Lied 77
track78	varchar	49	0.08 %	Name Lied 78
track79	varchar	49	0.08 %	Name Lied 79
track80	varchar	49	0.08 %	Name Lied 80
track81	varchar	49	0.08 %	Name Lied 81
track82	varchar	49	0.08 %	Name Lied 82
track83	varchar	49	0.07 %	Name Lied 83
track84	varchar	47	0.07 %	Name Lied 84
track85	varchar	47	0.07 %	Name Lied 85
track86	varchar	47	0.07 %	Name Lied 86
track87	varchar	47	0.07 %	Name Lied 87
track88	varchar	47	0.07 %	Name Lied 88
track89	varchar	47	0.07 %	Name Lied 89
track90	varchar	47	0.07 %	Name Lied 90
track91	varchar	55	0.06 %	Name Lied 91
track92	varchar	55	0.06 %	Name Lied 92
track93	varchar	55	0.06 %	Name Lied 93
track94	varchar	55	0.05 %	Name Lied 94
track95	varchar	75	0.05 %	Name Lied 95
track96	varchar	55	0.05 %	Name Lied 96
track97	varchar	55	0.05 %	Name Lied 97
track98	varchar	62	0.05 %	Name Lied 98
track99	varchar	67	0.05 %	Name Lied 99

Tabelle A.1: Gesamtliste Attribute Testdatensätze

Literaturverzeichnis

[1] AGRAWAL, Rakesh ; SRIKANT, Ramakrishnan: Searching with Numbers. In: *Proceedings of the 11th international conference on World Wide Web*, ACM, 2002, S. 420–431

[2] ANGELL, C. R. ; FREUND, E. G. ; WILLETT, Peter: Automatic Spelling Correction Using a Trigram Similarity Measure. In: *Information Processing & Management* 19 (1983), Nr. 4, S. 255–261

[3] BACHTELER, Tobias ; SCHNELL, Rainer: *Ein Performanz-Vergleich zwischen der Kölner und der von Reth-Schek Phonetik.* http://www.uni-konstanz.de/schnell/documents/Phonetiken.pdf, Abruf: 19.11.2008

[4] BAEZA-YATES, Ricardo ; RIBEIRO-NETO, Berthier: *Modern information retrieval.* Harlow : Addison-Wesley, 1999. – ISBN 020139829X

[5] BATINI, Carlo ; SCANNAPIECO, Monica: *Data Quality: Concepts, Methodologies and Techniques.* Berlin : Springer, 2006 (Data-Centric Systems and Applications). – ISBN 9783540331735

[6] BEEBE, W. G.: Why are Epidemiologists interested in Matching Algorithms? In: KILSS, Beth (Hrsg.) ; ALVEY, Wendy (Hrsg.): *Record Linkage Techniques - 1985.Proceedings of the Workshop on Exact Matching Methodologies, Arlington, Virginia.* 1985, S. 139–143

[7] BILENKO, Mikhail ; KAMATH, Beena ; MOONEY, J. R.: Adaptive Blocking: Learning to Scale Up Record Linkage. In: *Proceedings of the 6th IEEE International Conference on Data Mining (ICDM'06)*, 2006, S. 87–96

[8] BLEIHOLDER, Jens ; SCHMID, Joachim: Datenintegration und Deduplizierung. In: HILDEBRAND, Knut (Hrsg.) ; GEBAUER, Marcus (Hrsg.) ; HINRICHS, Holger (Hrsg.) ; MIELKE, Michael (Hrsg.): *Daten- und Informationsqualität: Auf dem Weg zur Information Excellence.* Wiesbaden : Vieweg+Teubner Verlag, 2008. – ISBN 3834803219, S. 123–142

[9] DAMERAU, J. F.: A Technique for Computer Detection and Correction of Spelling Errors. In: *Communications of the ACM* 7 (1964), Nr. 3, S. 171–176

[10] DONG, Xin ; HALEVY, Alon ; MADHAVAN, Jayant: Reference Reconciliation in Complex Information Spaces. In: *Proceedings of the ACM International Conference on Management of DATA (SIGMOD).* 2005, S. 85–96

[11] DUNN, L. H.: Record Linkage. In: *American Journal of Public Health* 36 (1946), Nr. 12, S. 1412–1416

[12] ELFEKY, G. M. ; VERYKIOS, S. V. ; ELMAGARMID, K. A.: TAILOR: A Record Linkage Toolbox. In: RAKESH, Agrawal (Hrsg.) ; DITTRICH, Klaus (Hrsg.) ; NGU, H. H. A. (Hrsg.): *Proceedings of the 18th International Conference on Data Engineering*, IEEE Computer Society, 2002, S. 17–28

[13] ELMAGARMID, K. A. ; IPEIROTIS, G. P. ; VERYKIOS, S. V.: Duplicate Record Detection: A Survey. In: *IEEE Transactions on Knowledge and Data Engineering* 19 (2007), Nr. 1, S. 1–16. – ISSN 1041–4347

[14] HALL, A. V. P. ; DOWLING, R. G.: Approximate String Matching. In: *ACM Computing Surveys* 12 (1980), Nr. 4, S. 381–402

[15] HERNÁNDEZ, A. M. ; STOLFO, J. S.: The merge/purge problem for large databases. In: *SIGMOD Rec.* 24 (1995), Nr. 2, S. 127–138. – ISSN 0163–5808

[16] HERNÁNDEZ, A. M. ; STOLFO, J. S.: Real-world Data is Dirty: Data Cleansing and The Merge/Purge Problem. In: *Data Mining and Knowledge Discovery* 2 (1998), Nr. 1, S. 9–37. – ISSN 1384–5810

[17] JARO, A. M.: Advances in Record-Linkage Methodology as Applied to Matching the 1985 Census of Tampa, Florida. In: *Journal of the American Statistical Association* 84 (1989), Nr. 406, S. 414–420

[18] KELLEY, Patrick R.: *Blocking Considerations for Record Linkage Under Conditions Of Uncertainty.* Version: 1984. http://www.census.gov/srd/papers/pdf/rr84-19.pdf, Abruf: 14.11.2008 (Statistical Research Division Report Series CENSUS/SRD/RR-84/19)

[19] LESER, Ulf ; NAUMANN, Felix: *Informationsintegration: Architekturen und Methoden zur Integration verteilter und heterogener Datenquellen.* 1. Aufl. Heidelberg : dpunkt-Verl., 2007. – ISBN 978–3898644006

[20] LEVENSHTEIN, I. V.: Binary Codes Capable of Correcting Spurious Insertions and Deletions of Ones. In: *Problems of Information Transmission* 1 (1965), Nr. 1, S. 8–17

[21] LOWRANCE, Roy ; WAGNER, A. R.: An Extension of the String-to-String Correction Problem. In: *Journal of the Association for Computing Machinery* 22 (1975), Nr. 2, S. 177–183

[22] MELNIK, Sergey ; GARCIA-MOLINA, Hector ; RAHM, Erhard: Similarity flooding: A versatile graph matching algorithm. In: RAKESH, Agrawal (Hrsg.) ; DITTRICH, Klaus (Hrsg.) ; NGU, H. H. A. (Hrsg.): *Proceedings of the 18th International Conference on Data Engineering*, IEEE Computer Society, 2002, S. 117–128

[23] MONGE, E. A. ; ELKAN, P. C.: An efficient domain independent algorithm for detecting approximately duplicate database records. In: *Proceedings of the 1997 SIGMOD Workshop on Reasearch Issues on DMKD.* 1997, S. 23–29

[24] NAUMANN, Felix: *Informationsintegration Duplikaterkennung.* http://www2.informatik.hu-berlin.de/mac/lehre/WS04/InfoInt_20_Duplikaterkennung.pdf. Version: 2005, Abruf: 25.11.2008

[25] NAVARRO, Gonzalo: A Guided Tour to Approximate String Matching. In: *ACM Computing Surveys* 33 (2001), Nr. 1, S. 31–88

[26] NEILING, Mattis: *Identifizierung von Realwelt-Objekten in multiplen Datenbanken.: Dissertation*. Cottbus, Brandenburgische Technische Universität, Diss., 2004. http://opus.kobv.de/btu/volltexte/2007/85/pdf/diss_neiling.pdf, Abruf: 18.11.2008

[27] NEILING, Mattis ; LENZ, Joachim H.: *Data Integration by Means of Object Identification in Information Systems*. http://www.cis.cs.tu-berlin.de/~mneiling/publications/ECIS2000.pdf. Version: 2000, Abruf: 01.11.2008

[28] NORMIERUNG E.V., DIN Deutsches I.: *Qualitätsmanagementsysteme - Grundlagen und Begriffe (ISO 9000:2005)*. Berlin, Dezember 2005

[29] PFEIFER, Ulrich ; POERSCH, Thomas ; FUHR, Norbert: Retrieval Effectiveness of Proper Name Search Methods. In: *Information Processing & Management* 32 (1996), Nr. 6, S. 667–679

[30] POSTEL, Joachim H.: Die Kölner Phonetik: Ein Verfahren zur Identifizierung von Personennamen auf der Grundlage der Gestaltanalyse. In: *IBM Nachrichten* 19 (1969), S. 925–931

[31] RODDICK, F. J. ; HORNSBY, Kathleen ; VRIES, Denise: A Unifying Semantic Distance Model for Determining the Similarity of Attribute Values. In: *Proceedings of the 26th Australasian Computer Science Conference*, 2003, S. 111–118

[32] SCHÜRLE, Josef: *Europäische HochschulschriftenReihe 5, Volks- und Betriebswirtschaft*. Bd. 3062: *Record Linkage: Zusammenführung von Daten auf Basis des Modells von Fellegi und Sunter*. Frankfurt am Main u. a. : Lang, 2004. – ISBN 3631524722

[33] STOCK, G W.: *Einführung in die Informationswissenschaft*. Bd. 1: *Information Retrieval: Informationen suchen und finden*. München : Oldenbourg, 2007. – ISBN 9783486581720

[34] VERYKIOS, S. V. ; ELMAGARMID, K. A. ; HOUSTIS, N. E.: Automating the approximate record-matching process. In: *Information Sciences* 126 (2000), S. 83–98

[35] WAGNER, A. R. ; FISCHER, J. M.: The String-to-String Correction Problem. In: *Journal of the Association for Computing Machinery* 21 (1974), Nr. 1, S. 168–173

Ausgezeichnete Arbeiten zur Informationsqualität

Herausgeber: Dr. Marcus Gebauer, Rüdiger Giebichenstein

Sasa Baskarada
IQM-CMM: Information Quality Management Capability Maturity Model
2010. 348 S.
Br. EUR 49,90
ISBN 978-3-8348-0985-8

Jan Hegewald
Informationsintegration in Biodatenbanken
Automatisches Finden von Abhängigkeiten zwischen Datenquellen
2009. X, 102 S. mit 18 Abb., davon 10 in Farbe u. 6 Tab.
Br. EUR 39,95
ISBN 978-3-8348-0731-1

Uwe Draisbach
Partitionierung zur effizienten Duplikaterkennung in relationalen Daten
2011. 87 S.
Br. EUR 59,95
ISBN 978-3-8348-1772-3

Steven Helmis / Robert Hollmann
Webbasierte Datenintegration
Ansätze zur Messung und Sicherung der Informationsqualität in heterogenen Datenbeständen unter Verwendung eines vollständig webbasierten Werkzeuges
2009. XXII, 197 S. mit 67 Abb. u. 32 Tab.
Br. EUR 59,95
ISBN 978-3-8348-0723-6

Hakim Harrach
Risiko-Assessments für Datenqualität
Konzept und Realisierung
2010. XXIV, 150 S. mit 38 Abb. u. 5 Tab.
Br. EUR 49,95
ISBN 978-3-8348-1344-2

Stand: Februar 2012. Änderungen vorbehalten.
Erhältlich im Buchhandel oder beim Verlag.

Abraham-Lincoln-Straße 46
D-65189 Wiesbaden
Tel. +49 (0)6221. 345 - 4301
www.springer-vieweg.de

GPSR Compliance
The European Union's (EU) General Product Safety Regulation (GPSR) is a set
of rules that requires consumer products to be safe and our obligations to
ensure this.

If you have any concerns about our products, you can contact us on

ProductSafety@springernature.com

In case Publisher is established outside the EU, the EU authorized
representative is:

Springer Nature Customer Service Center GmbH
Europaplatz 3
69115 Heidelberg, Germany

www.ingramcontent.com/pod-product-compliance
Ingram Content Group UK Ltd.
Pitfield, Milton Keynes, MK11 3LW, UK
UKHW022119230426

12048UKWH00010BA/600